感情はコントロールしなくていい
「ネガティブな気持ち」を味方にする方法

在乎別人，是對自己的情緒暴力

「自我中心」心理學，
教你不再因迎合而痛苦、孤獨

心理治療師
石原加受子 著
駱香雅 譯

方言文化

前言——負面情緒，是受傷的心在傳達訊息給你 011

第1章 生氣情緒不壓抑，人際關係反而變更好 013

目錄

目錄

目錄

第7章 跟所有情緒做朋友，停止對自己施暴

目錄

前言
負面情緒，是受傷的心在傳達訊息給你

有些人無緣由地就是討厭負面情緒，也有些人被自己的情緒給左右，為了控制負面情緒而苦惱不已。習慣忍耐的人，即使產生負面情緒，也會試圖拚命地壓抑和忍受。更而甚之的是，那些一直處於負面情緒之中的人，可能早已對此感到遲鈍了。

這些人的共同點，是缺乏感受正面情緒的內心。如果感受變得遲鈍，情緒也會同時失去了正面的部分。無論幸福、快樂還是滿足，都是屬於積極正向的感覺。失去正面情緒，不就等於生活在枯燥無味的世界裡嗎？

控制、壓抑並忍受情緒，如果持續這樣做，終究會喪失自我，這真的是很可惜的事。為什麼呢？因為對自己來說，負面情緒可以說是「寶貴的訊息」。就我的觀點，**負面情緒是在不愛自己時所感受到的情緒。**

換句話說，負面情緒是為了保護自己，或者是為了愛自己，在潛意識之下所發出的訊號。正因如此，不要去控制或是壓抑，而是要將負面情緒當成自己專屬的訊息，讓它成為貼近自己的盟友。

唯有如此，你才能夠愛自己，讓自己持續成長。

第1章

生氣情緒不壓抑，人際關係反而變更好

1 情緒，是用來認識自我的訊息

情緒的產生都有原因，明明是那麼簡單的道理，為什麼我們一直沒注意到呢？真是不可思議。

就如現在大家常說的壓抑情緒，和壓抑憤怒，世人普遍認為憤怒是應該管理、控制的情緒。

情緒是忽然失控或發狂的表現，所以該要巧妙地掩飾或轉移注意力。由於我們尚未脫離這種，應該妥善控制情緒的心態，每當聽到管理或是控制憤怒這種話時，內心便會感到很無力。

任何情緒的出現，都是有原因的

其實，**不管是正面情緒還是負面情緒，都不會無緣無故發生。**一定都是基於某種理由，才會產生情緒。

如果發生對自己有利的事情，就會產生積極正面的心情；如果發生對自己不利的事情，就會產生消極負面的心情。

透過情緒，可以知道自己發生了什麼事情。尤其是出現負面情緒時，可以藉此找出自己的問題所在。正因如此，所謂的壓抑情緒、控制情緒，明確地來說是種錯誤的做法。

就此意義來看，對自己而言，情緒可說是一種訊息。舉例來說，如果你對著眼前的人破口大罵，原因之一就是因為你對那個人感到生氣。

但即使對著眼前的這個人怒吼，其實你也可能並不是針對這個人。或許你是因為別件事，或是其他人的事而正焦急煩躁著，然後才把怒氣發洩到這個人身上。又或許是自己根本上的問題，是對於人和社會的認知有誤，或是意識本身就是負面消極的，所以面對所有事情都覺得不開心。如果將其他人和社會當成敵人的話，就會經常有**自己是受害者**的想法。

如果我們從一開始，就抱持著負面的態度看人，那麼對方對於自己所做的任何行為，即使是帶有善意或好感，也可能看起來好像是懷有敵意。

任何情緒的出現，都有其目的

情緒的產生是有理由的，另外，從潛意識的觀點而言，**情緒的出現無論是負面還是正面，也都有其目的。**

也許大多數人都沒有自覺，但其實每個人，都會利用憤怒的情緒來達到自己的目的。

舉例來說，父母在家裡經常對孩子情緒化地大吼大叫，這是為什麼呢？家長的說法通常都是：「因為孩子做了讓人想生氣的事。」然而，在大多數情況下，如果有不用破口大罵，也能解決問題的方法，就沒必要這樣做對吧？

即便如此卻還是大聲怒罵，這就是因為只要父母怒吼，小孩就會閉嘴聽話的關係，家長們在無意識當中明白這一點。的確，在親子關係裡，如果父母大聲斥責，孩子很可能會安靜地服從。

那麼，在這樣的家庭環境中成長，孩子會學到什麼呢？服從的對象當然不會只限於父母，當面對任何責罵自己的人，因為覺得害怕，而沉默服從對方的可能性都會變高。與此同時，孩子本身也會學到「為了驅使對方，我必須大吼大叫」這件事。

這就是藉由大聲責罵，運用憤怒的情緒來達到自己目的，會產生的糟糕結果。

況且，當你以這種方式運用情緒時，責罵就變成理所當然的事。如此一來，即使在完全不需要生氣的情況下，你也會自動啟用這個方法。換句話說，你可能會養成一種對自己非常不利的模式。

現在的社會，正是充斥著這種**企圖控制他人，有目的的憤怒**。我們可以透過圖表1，了解到情緒的兩大原則，即「目的」和「原因」的關係。

圖表 1　情緒的 2 大原則

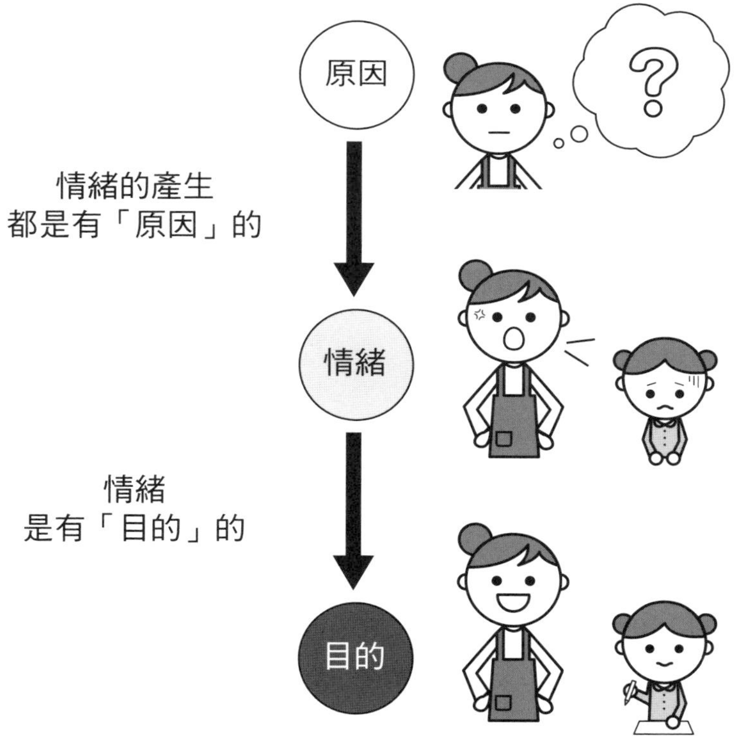

情緒是有「原因」和「目的」的

2 憤怒不僅是不爽，還有更深層的理由

我們之所以會變得情緒化，或對人破口大罵，是因為受到自己成長的家庭裡，家人採取怎樣的相處模式所影響。

若是簡單的區分，人與人之間的相處模式，可以分成積極正面和消極負面兩種方式。如果家庭是以積極正面的相處模式為主，當然就能夠產生滿足感、充實感、自豪感等積極正面的情緒，進而培養出積極正面的感受方式。也就是說，這種感覺也可以替換為**自我肯定感**。

另一方面，如果家庭是以消極負面的相處模式為主，不光是憤怒，還會經常感覺焦慮、煩躁、不安、怨恨、仇恨和失望等消極負面的情緒，所以

會培養出消極負面的感受方式。

而且，如果無法擺脫這種消極負面的情緒，持續懷有負面的心情，不滿足的感覺就會累積並擴大。這種不滿足的感覺，會讓人產生「靠自己的力量無法解決問題」的無力感，進而導致**自我否定**。

如果不知道如何與人積極正面的交流，以及如何提出自己的觀點，就會出現非常棘手的問題。也就是說，自己的人生無論如何都會變得**情緒化**，**與他人爭吵**也會成為最大的目標。為什麼會變成這樣呢？

斥責他人，是因為害怕自己孤單一人

你是否曾經看過情緒化的爭吵場景？

即使從第三人的角度來看，他們的確是情緒化的爭吵，但當事者卻認為理所當然，所以並沒有認知到自己的行為是情緒化的爭執。

或者是同住在一個屋簷下，卻總是彼此不合的家庭，便會覺得如果要這樣吵吵鬧鬧，乾脆分開住好了。但是，如果那個家庭只學習到負面消極的相處模式，那就別無選擇只能互相仇視，無法停止敵對。

然而，越是這樣的親子關係，在精神層面上就越是不能獨立自主，所以這些在這樣環境下長大的人，往往無法離開原生家庭。

為什麼就算人們相互仇視卻無法分開呢？那是因為我們天生就無法忍受孤獨。我們可以透過電視、電腦和智慧型手機輕易獲取遠方世界的資訊。如果你的身邊經常充斥著各種資訊並沉浸於其中，就能把自己是孤獨這件事，暫時從腦海中驅逐出去。

如果將這種環境完全隔絕，你也許馬上就會覺得自己是孤獨的，但如果被資訊的漩渦吞噬，就沒有時間再去思考自己是否孤獨，甚至連自己的內心都無法掌握。

舉例而言，「**顯意識的我**」並沒有感到孤獨。所謂顯意識的我，就是對於自己的想法、感受以及自己的言行能夠有所察覺、自覺的自我。即便如此，「**潛意識的我**」還是掌握並深知到自己在個性上是孤獨的。而這個潛意識的我，指的便是在顯意識中沒有意識到的所有事物。

如果我們不想意識到自己是孤獨的，便會試著不讓孤獨的想法上升到顯意識層面。因此，假使你並未察覺到自己在潛意識的地方懷有孤獨感，但在其中，多少也存在著內心對於處在這種境遇的憤怒。

無論你是否察覺到這一點，**我們每個人都害怕被社會孤立，並且懷抱著想要與他人在一起、想要屬於某處的欲望。**

總而言之，我們害怕孤單。越是屬於依賴性強的人，若是不依靠他人就會害怕得不得了。也有些人在快要被拋棄時，因為感到恐懼而勃然大怒。

雖然當事人沒有自覺，然而破口大罵並不是在傳達：「孤單一人很可怕，所以請不要拋棄我。」而是如同大聲咆哮著：「如果你讓我一個人的話，我絕對不會原諒你。」

他人認同需求和自我認同需求，有什麼不同？

那麼，只要和他人在一起就能滿足嗎？並非如此。為什麼呢？因為我們有自尊心和自豪感。試圖滿足自尊心和自豪感，就是所謂的認同的需求。

認同的需求又可分為「他人認同需求」和「自我認同需求」兩種，我們希望自己的存在價值能夠獲得他人的認同、好評與尊重，這就是他人認同需求。為了滿足這種需求，通常需要認同自己的「他人的存在」。（如圖表2所示）

圖表 2　他人認同需求和自我認同需求的不同

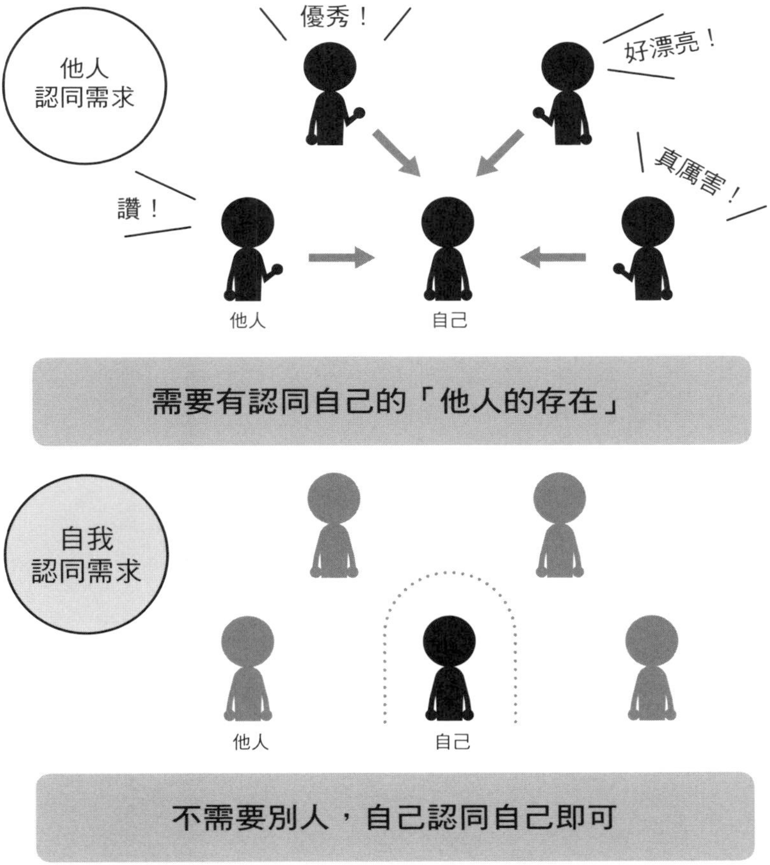

但是，實際上你之所以渴望獲得他人的認同，是因為你比任何人更想要相信自己是有價值的存在，在內心如此希望著。這就稱為自我認同需求。

此外，這種自我認同需求，只要自認自己是有價值的存在即可，所以並不用依靠他人。

然而，**現在的社會風氣在競爭日益加劇之下，比起心靈的豐富，大家的目標更加著重於地位、頭銜、金錢、外表……方面**，一味追求他人能夠理解自己、希望他人能夠認同自己、希望自己比他人更優秀、希望自己引人注目等。我認為其中，自己無法認同自己的人似乎佔了絕大多數。

如果你的內心懷抱著這種他人認同需求，但又無法與他人積極正面地相處互動，也得不到別人的評價，會怎麼樣呢？

或者，如果這樣的環境妨礙了我們對於滿足感、充實感和幸福感這類積極正面情緒的敏感度，又會怎麼樣呢？

儘管如此，以下這些想法仍時常束縛著我們：

- 不想變得孤獨。
- 害怕被他人無視。
- 希望對方認同自己的價值。
- 想要獲得他人的好評。

如果被這些想法所束縛，就算是再怎麼負面消極的方法，你也會嘗試用來與他人互動吧。即使彼此只能負面消極地相處，如果有個回應自己的人，至少能夠避免孤獨。

即使是負面消極的相處關係，如果雙方都有反應，就意味著對方會回應自己，所以能夠得到沒有被對方拋棄的安心感。此外，在互相爭執的時候，如果在某次的場合佔了上風，或許還會覺得似乎滿足了自己的他人認同需求。

憤怒，是因為不懂如何正向地與人互動

產生憤怒的情緒，除了因為對方自身的理由之外，還有各種不同的原因。另外，透過對他人動怒也能得到很多好處。除了避免孤獨、滿足他人認同需求之外，還有更多讓自己開脫的方向，例如：

- 不必正視現實。
- 不必面對自己。
- 即使自己有錯，也不用承認。

●運氣好的話，可以把自己的責任推給別人。

除此之外其實還有更多好處，而自己在潛意識之中，也知道對別人發怒是比較輕鬆的做法。

在憤怒這件事情上，尤其是當自己不知道積極正面的互動方式，和積極正面的溝通方式時，便會產生很大的影響。

如果不知道如何以積極正面的方式與人互動，就只能使用憤怒的情緒，以負面消極的方式與他人相處。因此，憤怒絕對不是突然爆發出來，說這正是憤怒的元凶也不為過。

3 在控制怒氣之前，記得先愛自己

即使將怒氣發洩在別人身上，你也不會打從心裡感到滿足，自己的問題也不會冰消瓦解。若只是單純地發洩怒氣，人便會在不知不覺當中深切感受到自己的無力感，進而降低自信。

誠如前述，就是因為每天都面對著各式各樣的問題，導致你很快就發脾氣，或者直接把怒氣發洩到和自己無關的人身上。

如果置之不理，內心當然不會感到舒暢。無論試著回顧自己的過去，還是審視現狀，自己應該都會有深刻的體悟。

然而，若在自己的問題還沒有解決的情況下，就試圖管理和控制憤怒這種情緒，別說是控制了，當情緒到達極限的時候，想必還會失控暴走。

壓抑的社會，使仇恨恣意蔓延

如今，只要你表達的意見與周遭的人有一點點不同，就會在網路或社群媒體上受到攻擊，被打得體無完膚。對少數群體懷有強烈的歧視感，好像少數群體罪大惡極，因而攻擊他們的人也不在少數，讓人不禁聯想到螞蟻聚集在食物旁的景象。

這些以這種方式攻擊別人的人，在他們的意識當中，絕對懷抱著仇恨。然而他們並沒有深入思考這種仇恨感的對象是誰，就被它所驅使而攻擊別人。

如果從整個社會的趨勢來看，現在的情況是，怒火非但沒有平息，事態反而越演越烈，讓人覺得憤怒已經嚴重到憎恨或怨恨的地步，這樣的事情頻繁地發生。

應該可以說，這就是試圖壓抑、管理和控制憤怒的後果吧。這不也就證明了，不僅僅是憤怒，社會上對於所有負面情緒的共同觀念，很明顯是錯誤的嗎？**憤怒應該忍耐、管理、控制的錯誤概念，已經逐漸演變成無法控制的狀態**，這就是現實告訴我們的事。

憤怒，是因為忽略了自己的心

與前述的認同需求有關，人之所以會憤怒，可以說是因為絕大多數的人相較於自我認同，更是以他人認同做為目標。

他人認同，是將對自己的認同和評價權利交給他人。因為在意別人的反應，自己的注意力當然就會集中在別人的言行，和周圍的事物上。

相較於跟隨自己的內心，這種意識也會試圖以「對方是如何看待我的呢？」的角度，來判斷並付諸行動。

身處於資訊爆炸的現代，越是對自己內心漠不關心的人，越容易被別人和周遭的事情所吸引。反過來說，越是被他人，或周圍的事物吸引目光的人，對於自己的內心也會越不關心。

因此這些人會認為，與其以自己的內心為基準，不如以他人的觀點和評價為目的，進而採取行動。

我透過多年來的心理治療經驗，從獨特的觀點出發，藉由「自我中心」、「他人中心」的理解方法來闡述內心的機制，將其統稱為**「自我中心心理學」**。

這兩者的決定性差異，正如同其字面的意思，便是以自我為中心的生活方式，或是他人中心的生活方式。

自我中心的生活方式，是以自己為中心觀點來看待、思考、判斷事物，然後選擇和採取行動。因此，**越是自我中心，信賴自己的程度就越高。**不管是怎樣的人，都能夠漸漸變得認同自己。

相反的，他人中心的生活方式，就是以他人為中心的觀點來看待、思考以及判斷事物，然後選擇和採取行動。這種生活方式，因為以他人和外界為基準，所以更重視常識、規範、規則、規定、風俗習慣……。（如圖表3所示）

這些人會試圖讓自己去配合、適應外界的人事物。因此，比起重視自己的內心、想法和心情，他們認為思考和知識更加優先。

計較得失或勝負的意識，也源自於這種他人中心的心態。藉由比較、

圖表 3　他人中心和自我中心的不同

他人中心
別人會如何
看待我？
用「他人中心」的觀點
去思考、判斷和採取行動。
自我中心
我真正想做
的是什麼？
用「自我中心」的觀點
去思考、判斷和採取行動。

競爭來分出優劣和強弱，也是從這種他人中心的意識當中產生的。

如果自我意識的目光朝向他人和外界，想當然的，對於自己所看到的人事物，你也會漸漸變得沒辦法了解自己究竟是怎樣的感覺，到底抱持著怎樣的心情和想法。

以他人中心思考，使你越來越焦慮

意識是面向自己還是朝向他人，也會自動決定你所做出的選擇。舉例來說，如果是他人中心，將自己的意識朝向外界，你就會以獲得他人認同為目標，以他人的角度來看待自己。相反的，如果選擇自我中心，重視自己的感覺、情緒和需求，就會以自我認同為目標。

也就是說，**越是以他人為中心，由於將判斷事物的尺度標準置於外**

界，你就會越無法認同自己。你會逐漸變得無法自己決定、選擇事物。一旦沒有人提出相關的標準，你就會沒有自信去做。

社會上絕大多數人之所以如此不安、持續焦慮，之所以會拿別人和自己比較，相互競爭、分出優勝劣敗，可說就是因為社會越來越被他人中心給侵蝕的緣故，而且這種意識還在持續蔓延。

如果在這種意識之下，即使拚命努力試圖獲得他人的認同，卻無法滿足那個欲望的話，會發生什麼事呢？如果無法獲得他人認同，那種不滿足的感覺鬱積在自己的心底，屆時又會怎麼樣呢？

這種負面態度，必定會產生負面情緒，並漸漸放大到不得不對他人發洩的程度。這就是憤怒的真面目。換言之，憤怒可說是用他人中心來思考的人的獨家專利。

4 對別人生氣，同時也是在氣自己

憤怒既不應該管理，也不應該控制。不僅僅是憤怒，還有各種負面情緒，都是因為不認同抱持著這些情緒的自己，才會陷入負面的想法之中。

因此，試著拋開應該管理、控制憤怒情緒的看法吧。如此一來，你看待事情的方式應該也會有所改變。

為什麼會產生憤怒呢？如果是從自我中心的觀點來看，就是因為：

- 你不珍惜自己。
- 你不夠愛自己。

換句話說，因為不愛自己，所以才會產生會傷害他人的憤怒。這種憤怒即使是發洩在他人身上，其實也會反過來傷害到自己。因為，**那股怒氣越強烈，就等同於你越不愛自己**。

比方說，公司內有位主管對著女性部下說：「辦公室很熱呢。」部下對著電腦工作，語氣冷淡地回答：「是喔？」主管對她的回答很生氣，於是就用挖苦的語氣說道：「真是不機靈啊！離開座位，把空調溫度調低，不過就是做這麼點小事又會怎樣？」

如果採取自我中心的方式，主管會動怒就是因為**他不重視自己**，可以將這件事視為來自潛意識的訊息。

「咦？這位主管不重視自己嗎？」大家可能會想要這麼問；也可能會反駁：「當初惹這位主管生氣的是那位部下吧？」但其實並非如此。

這裡的重點是，如果部下只是採取冷淡的態度就讓上司動怒，那麼上司想必是將此視為自己的問題。不只是部下單方面惹怒上司，上司本身**應該還有其他動怒的原因**。

誠如前述，由憤怒情緒而產生的言行，既會傷害他人也會傷害自己。部下會受傷，上司自己也會受到傷害。負面情緒的互動，假使就算某一方在這樣的互動下獲勝，雙方各自都會受到傷害的結果是不會變的。

問題是，就如同上司面對部下的冷淡態度，也用挖苦的言詞回擊一般，為什麼會做出讓自己也受到傷害的言行呢？關鍵就是不夠珍惜自己。

用自己的言行傷害自己

部下為什麼會對上司採取冷淡的態度呢？只要分析一下，就能推測出兩個人的關係。以這個狀況來說，上司確實因為部下冷淡的態度而受到傷害。但是，在其他場合又是怎樣的情況呢？就像是上司立刻就用挖苦的言詞回擊一樣，也許**部下對於上司平時的言行，就已經覺得不太舒服了。**

如果是這樣的話，上司可能在平時，就做出了不恰當的言行傷害部下。如果上司是因為部下的冷淡態度而受到傷害，也可以解釋成，採取可能會被傷害的言行的人，就是上司自己。

而且，雖說是受到傷害，如果因此說出挖苦對方的言語，部下就會更加疏遠上司，進而陷入惡性循環之中。如果變成這種局面，上司便會更加受傷，到頭來變成是自己的言行傷害了自己。（如圖表4所示）

這個時候，如果上司更加以自己為中心，審視自己為什麼會說這些挖苦他人的話，就會發現自己對部下的所言所行，皆是來自本身的經驗。

圖表4 上司的自我傷害言行說明

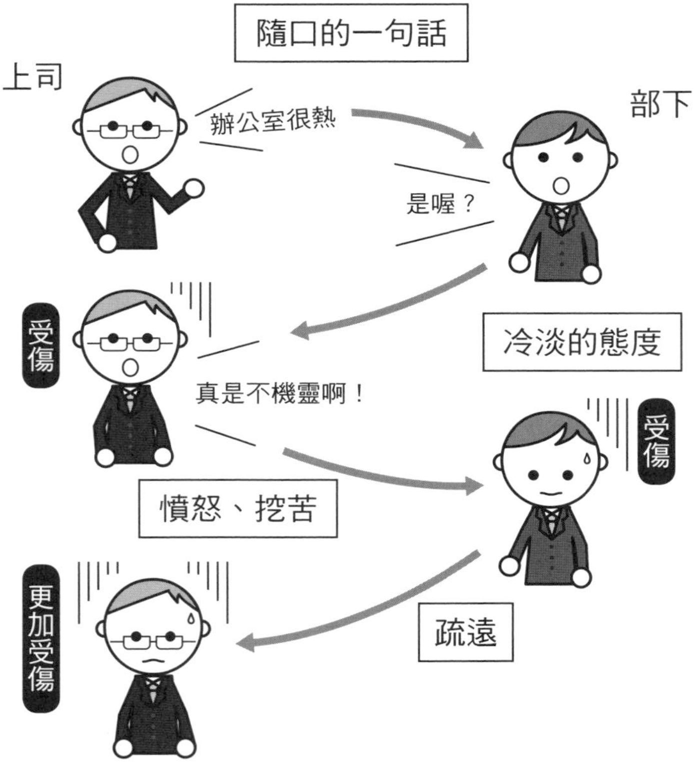

用自己的言行來傷害自己

比方說，上司之所以光說一句「辦公室很熱呢」，就要求部下理解其中意涵，可能是因為想起母親曾對自己說過：「我說一句話就要知道後面的意思，還要按照我喜歡的方式去做。」於是自己才對部下做同樣的事。

如果上司察覺到這一點，就會**把對部下說挖苦、刺耳的言語視為自己的問題**。舉例來說，如果起因是由於自己和母親的關係，未來和母親相處時，就能以不再去在意母親的話為目標。即使是只能夠做到一點點，上司也會變得更重視自己。

無須擔心這樣做，會傷害到和母親之間的關係。因為會想要用這種形式支配孩子的母親，無論孩子的行為是否機靈，母親的反應都不會有太大的不同。為什麼呢？因為無論結果如何，母親恐怕都不會開口對孩子說謝謝。

更重要的是，如果主管停止這種與母親的負面互動模式，讓母親意識到自己的做法行不通，對母親本身也是一件不錯的事情。

5 壓抑憤怒，是對自己的情緒暴力

表示自己的怒氣很難消除的人不在少數。現代社會充滿著憤怒和惡意，令人髮指的犯罪事件接二連三地被報導出來，令人心情黯淡。這是一個人人都懷著無處發洩的怒氣，憤怒不斷滋生出新憤怒的社會。

要如何做才能平息這種憤怒呢？

過度努力卻沒成果，使你失去自信

即使你覺得不想爭吵，但是一旦被攻擊、被傷害，就會覺得生氣，也會想要回擊對方。有時會因為一件小事，連著幾天都覺得火冒三丈。現在回想起過去發生過的各種事情，就算已經過了很久，也還是會有點生氣。

這樣的社會現象，從個人的立場來看，可以說是很多人非常粗暴地對待自己的緣故。為什麼要這樣粗暴地對待自己呢？主要的原因是從小就受到粗暴的對待。

在孩童時代，無論自己多麼努力，都會被父母粗暴地否定或拒絕。這種例子我想在任何家庭都有可能發生。這使你覺得受到傷害，覺得遺憾或生氣。抑或是責備自己不管怎麼努力都做不到，接著就會變得自卑，或者失去自信。

一個人如果不斷重複這種經驗，可能就會把那種感覺視為理所當然，逐漸變成**連自己受到傷害都感覺不到**的大人。更糟糕的是，持續懷抱著這樣的情緒，就算表面上沒能反抗，內心也一定充滿了心不甘情不願的想法。

受傷的心在傳訊息，你收到了嗎？

當這種情況發生時，因為已經陷入他人中心的思維模式，所以變成只會接收周遭的人的負面資訊，你當然會不斷地發脾氣。如果你不由得動怒，但是也不知道原因為何，就是因為你在過去，甚至是現在**受過很多傷害而不自知**。

即使試圖管理或控制這種經年累月的憤怒，也難以忍受。相反的，用這種方式試圖強迫自己壓抑憤怒、保持沉默的行為，只能說是對自己的虐待，是一種完全無視自己內心的情緒暴力行為。

如果持續對自己施暴，就不可能從憤怒中解脫出來。為什麼呢？如同前文所述，**人之所以會產生憤怒的情緒，是因為在某處潛藏著「自己不珍惜自己、不愛自己」的理由或原因。**從這個意義上來說，憤怒可以說是自己的潛意識所發出的訊息。

當然並不只是憤怒。不管是正面的情緒還是負面的情緒，任何情緒都可以看成是受傷的心，希望你更愛自己的訊息。

正因為如此，當出現負面情緒時，不該壓抑或無視它，而是應該正視自己的情緒，並且找出原因和理由，然後設法解決。而且，用實際方法化解自己情緒的行動，也是一種愛自己的過程。

心理師的小提醒

憤怒是從潛意識裡發出的訊息，傳達出：

「你沒有珍惜自己、沒有愛自己。」

——你之所以生氣，就是因為一直這樣暴力地傷害自己。

第2章

試著不再忍耐，以自己為優先

1 其實，每個人都在忍耐

只因為發表與大家不同的意見，就變成眾矢之的；只因為做出與別人不同的行為，就被群起圍攻，甚至施以暴力，整個社會正瀰漫著這種負面的氛圍。

在路上行走時，或是在擁擠的車站內，熙來攘往的人們只不過是差點相撞，常常就會引發一場糾紛。還有些擔任店員的人，在店裡只是被顧客提出疑問，卻可能因為問題超出工作手冊的內容，他們就覺得自己像是被投訴般畏縮不前，或甚至擺出不爽的表情。

之所以會出現這種情況，一言以蔽之，就是因為很多人都在忍耐。忍耐的不只是處於弱勢地位的人。支配性強的人、具攻擊性的人，動不動就生氣、易怒的人也是如此。

把自己的事情束之高閣，一開口就是抱怨，如果別人不遵從自己，就會變得情緒化的人；暢所欲言、為所欲為，不顧慮別人是否麻煩，總是單方面強迫他人的人；對自己不利的事，甚至連回應都沒有的人，以及即使顯然是自己的錯誤，也絕對不肯道歉的人。大家周遭應該也有許多這種人吧。

即使是這樣的人們，也常常認為自己在忍耐。他們多半會主張：「明明我已經很忍耐了，是你惹怒我。」或「我是為了你們，才忍耐著做這些事情的。」

看在周遭人的眼裡，如此任性、強硬、完全不聽別人說話，這種人好意思說自己在忍耐嗎？但就連想這樣說的人，也只能讓自己被迫忍耐，很難說出真心話。即使心懷不滿也會順從對方；如果被拜託的話，無論如何也無法拒絕等，人們總是懷著這些想法在忍耐。

你的焦慮煩躁，都是忍耐惹的禍

在人類社會裡，原本就有忍耐的文化。我們面對的所有場合，都常將忍耐當成理所當然的事情，舉例來說：

- 如果不忍耐，就無法與他人和諧相處。
- 如果不忍耐，身為一個社會人是不合格的。
- 如果連這點事都不能忍受，那就太丟人了。
- 只要堅持工作，老了以後就能夠幸福。

出了社會之後則是：

- 必須迎合他人。
- 必須順應社會。
- 凡事要忍耐，不能偏離社會規範。
- 即使有討厭的事情也要忍耐，不能擾亂社會秩序。

在學校的教育也是如此，教職人員提出許多口號，打從一開始就要學生無條件地服從，例如：

- 大家要和睦相處。
- 必須互相幫助。

●必須努力學習。

●不能給別人添麻煩。

如圖表5所示，如果你像這樣忍耐著，未來會過著怎樣的生活呢？每天的生活都會過得很充實嗎？對於未來還會懷抱著希望嗎？是否能以充滿活力的心情度過一整天呢？還是，每天都抱著一堆不得不忍耐的事情，感到煩躁、焦慮呢？

圖表 5　在忍耐的社會中，人們抱持的想法

你是否也活在各種忍耐之中？

2

為了工作拚死拚活，值得嗎？

舉個例子，有位將忍耐奉為圭臬的孩子，在幼稚園上課時想去上廁所，但這位小朋友卻認為他必須忍住。然而人在忍耐時會覺得緊張，時間一久就更加無法忍耐。即便如此，他還是說不出口。

忍耐久了，想說的話就更說不出口。

這個孩子認為自己必須忍耐，連想去上廁所都無法跟老師說，因為他認為那是不可取的事。這樣的態度很可能是因為他平時在家裡，就很少有機會學習如何表達自身感受的緣故。可以說，習慣忍耐的人幾乎都是這個樣子的，忍耐得越久，想說的話就越說不出口。

這些人對於用語言表達，覺得害羞、害怕而不知所措，所以試圖忍耐到最後。但在這段忍耐的期間，他們的意識都集中在尿意上，根本無法專心學習。如果能忍到最後倒還好，但最終忍不住而尿出來的可能性也很高。

如果沒去廁所結果尿濕衣褲，會怎麼樣呢？由於周遭人的嘲笑，內心一定也會覺得受傷。一旦無法忍住而出糗丟臉，孩子的內心便會為自己的無能而感到羞恥。

此外，若身旁的老師和小朋友們的想法，同樣認為是忍耐是理所當然的事，也將很難心懷善意地看待尿濕衣褲的孩子。

這樣的狀況，可不只是孩提時代才會發生。

過勞也不敢請假，你過度努力了嗎？

現在要說的，不是幼稚園小朋友的事情，而是在我們身上常發生的事。大家可能沒有忍尿忍到尿褲子的經歷，但只要你堅信自己必須忍耐、努力，長大後出社會工作，即使感冒發燒，應該都會想去公司上班吧。即使想說至少今天請假休息一下，但因為現在公司非常忙碌、沒有人可以代替自己、會給別人添麻煩等，你或許會用上述理由勉強自己。

又或者，你會產生以下想法：

● 如果請假的話，大家可能會覺得我在偷懶。

● 如果把工作交給別人，會不會被發現自己的工作進度很慢，被認為沒有能力呢？

- 如果給別人添麻煩，會不會被討厭呢？
- 請假會不會被人抱怨呢？
- 無論如何，我就是必須忍耐。

如果就連生病了都還有這種心情，可說是證明了，大家根本從平時起就認定「因為是工作，所以必須拚命地勉強自己」。

員工開心，公司才有好業績

但工作真的應該這樣嗎？如果你是一位自我中心的企業經營者，又會是怎樣的情況呢？當有員工來告訴你：「現在公司非常忙碌、沒有人可以代替我、會給其他人添麻煩，因而不能請假。」你會怎麼想呢？

如果缺少一名員工，公司業務就無法運轉，你會採用這種經營方式嗎？因為景氣很差，業績無法提升，所以員工人數很少，真是苦不堪言。這種想法不難理解，實際上，這樣的公司也真的有很多。

但即便如此，就算公司缺少一名員工，若其他員工能相互支援，就不會對公司業務造成影響，員工也能更加從容工作。想想看以下兩種體制：

- 增加一名員工，員工間可以靈活應對，積極正面地面對工作。
- 根本沒有增加人員的餘裕。大家過於忙碌，公司裡的氣氛異常緊繃，不過也只能忍耐著熬過去。

從結果來看，你認為哪種體制的生產效率更高呢？

特別是在意識方面，公司內的氛圍是積極正面還是消極負面，會產生很大的差異。積極正面的意識，就會選擇積極正面的事物；如果是消極負面的意識，就會選擇消極負面的事物。

每位員工都是積極的，就會做出積極正面的選擇；若每位員工都是消極的，就會做出消極負面的選擇。尤其是邊忍耐邊工作的員工，肯定會變得滿腹牢騷。至於結果如何，只要環視一下現在的社會，應該就能想像。

日本有一億二千萬人，所以不良影響要經年累月才會形成。不過，如果是小型組織或公司，轉眼之間就會顯現出弊端。無論多麼想要提高業績，如果在這裡工作的人帶著負面的意識，就會出現相互扯後腿的阻礙和爭吵，各種問題也會漸漸浮上檯面。

相反的，如果在公司工作的人帶著積極正面的意識，同事之間能互相配合、互相幫助，即使生產效率和業績不佳，也會逐漸恢復。時間越久，這種差異必然會越明顯。

3 你不該再忍耐了，為什麼？

關於工作，大多數的人並不是出於這種「我超想工作」的單純欲望，而是將之當成責任和義務，認為自己必須工作。

身為一個母親，無論身體狀況有多麼不舒服，早上起床多麼痛苦，為了孩子、為了老公都會咬牙忍耐，為他們做好早餐，做好出門的準備。如果是全職家庭主婦，時間上可能還比較充裕，不過如果是職業婦女，就沒辦法這樣了。更不用說，如果有年幼的孩子，還要帶著他們去托兒所。

如果孩子早上不想吃飯，或者鬧彆扭，馬上就會延誤到該做的事情。父母一邊覺得煩躁，一邊催促孩子，無論如何也要送孩子去幼稚園，不然就會很麻煩。就像這樣，孩子不論哭泣還是喊叫都會被禁止，快的話不滿一歲就開始被迫學會忍耐。**但所謂忍耐，其實就是無視自己內心的行為。**

「但是，身處於現在的社會，就算把孩子交給托兒所，如果不出去工作，就經濟面來說是不可能的。」我聽說過這種想法。

「如果孩子緊黏著自己，會覺得疲累、煩躁，也會想把情緒發洩在孩子身上。」或者「我身為社會的一員，如果不做點什麼事，就會感覺好像被遺棄而焦躁不安。」我也聽過這樣的心聲。

持續忍耐，就看不見內心的真實感受

當前的社會絕對稱不上健全，而是以忍耐、沉默服從為優先，因為無視人的內心，牢騷不滿和憤慨必然會逐漸高漲。

甚至可以說，社會的現狀從根本上就是錯誤的。如果凡事都從必須忍耐開始，優先考慮沉默服從，禁令、義務、條例和罰則都會不斷增加，最後就會處處都是規定，甚至就連走路都令人擔憂，害怕違反規定，漸漸成為令人動彈不得的狀況。例如：

- 在這個場所，禁止〇〇。
- 在這裡，必須〇〇。
- 為了〇〇，你必須〇〇。

即使社會風氣就是如此，有些人會認為自己也必須配合、必須服從。如果有這樣的想法，就會越來越作繭自縛。不僅於此，如果每天都過著按表操課的生活，就沒有時間顧及自己的內心感受。

即使覺得疲累、身體不舒服、或是心裡難受、覺得悲傷還是提不起勁，也必須忍耐著完成任務。但是，**如果像這樣忍耐著，在意他人和外界的事情，自己最重要的心情，卻會逐漸變得看不見了。**

即便如此，自己感受到的負面情緒並不會消失。如果無法消除，就會在潛意識裡不斷累積、不斷地感到煩躁、生氣。已經變成習慣，總是表現出生氣的態度和表情的人也不在少數。

無論是強勢、佔有優勢，還是自私自利的人，他們的內心也可能都是如此。舉例而言，一位有他人中心思維的老闆，可能會這樣思考：

- 他做的工作對得起這份薪水嗎？為什麼一定得發薪水給這傢伙呢？
- 如果有時間抱怨，還不如趕緊工作，不是嗎？

如果能看出他是這種想法，那麼社長的心情也是為了自己的員工而忍耐著的。一旦以他人中心思考，就會無可避免地以得失心來看待事物。

所謂的忍耐，可說是一種痛苦。如果在感受痛苦的同時，還沉默服從，就不會產生工作真好的心情。如此一來，員工可能會這樣想：

- 那個人總是把麻煩的工作硬塞給我。
- 上級試圖把吃虧的工作全丟給我來做。
- 老闆只因為我是老手，就擅自命令我處理棘手的任務。

然而員工就是員工，當然也會因為被要求、被硬塞、被強迫的感覺，而滿腹牢騷或心懷不滿。

忍耐，代表你以他人中心思考

在自我中心心理學中，忍耐是非常重要的關鍵字。

舉例而言，假設你發現自己的心情是我想做這件事，或者我不想做，如果立刻告訴自己不能這麼做，或是必須去做，一旦這樣否定自己的感受，意識就會朝向外界。或者用快於思考的速度啟動了默默遵從的模式，意識也會朝向外在事物。

如果你的意識從看向自己，轉為看向外在事物，就會自動忍耐。不再試圖實現自己的心情和欲望來滿足內心，而是改以忍耐、順從為主。

從自我中心轉換為他人中心的過程中，會象徵性地置入「忍耐」這個意識，就是出於這樣的理由，如圖表6所示。

然而在忍耐的同時，在得到他人的認同之前，必然會被必須忍耐、必

圖表6 人們習慣忍耐的原因說明

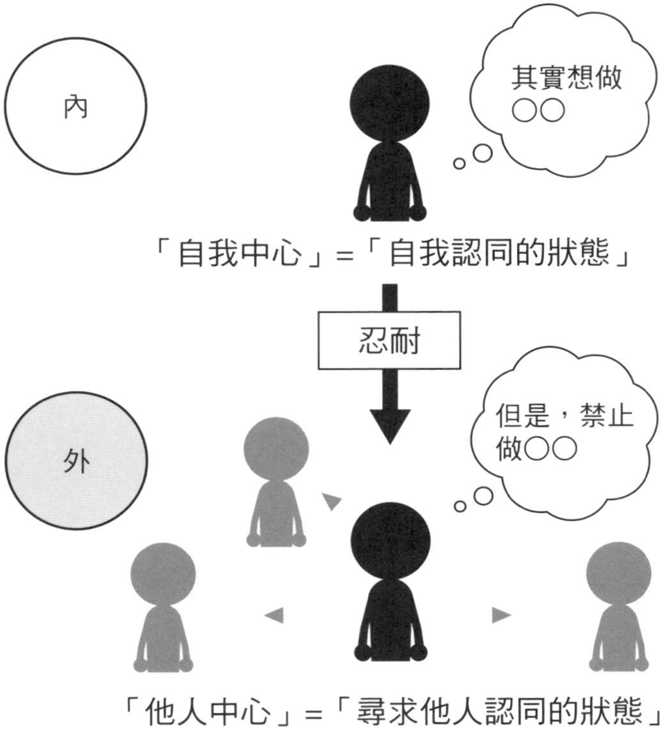

一旦忍耐，
意識會由朝向內心轉而朝向外在事物

須壓抑自己努力，這樣的「他人認同」所束縛。

不由你自己來決定自我價值，而是由他人來衡量你的價值並獲得認同，才會令人感到安心。相反的如果得不到他人的認同，人就會陷入極度焦慮的狀態。絕大多數人都陷入了這種他人中心的狀態。

這樣一來，就會疏忽自己的內心，沒多久就連自己當下是怎樣的感受都無法察覺。不過，如果忍耐成為理所當然，即使意識到自己正在忍耐，你也會嘗試忍受那份痛苦。

如此的結果會是什麼呢？從心理層面來說，明明那個人沒做這件事，為何我就一定要做呢，如果他人做了和自己不一樣的事，既不想原諒也會覺得生氣。

如果自己被一般常識所束縛，你一定會對自己眼中那些不符合常識的人，感到不滿和憤怒吧。

也很有可能，像這樣做出不合常理的行為，而招致別人反感的人，也同樣是忍耐到達極限的人。

忍耐時問自己：「我到底想要怎麼做？」

那種負面、他人中心的意識，在無法消除的狀態下，就會被埋藏在心底。無論你是否有所自覺，都會有想要一口氣發洩出來的衝動。

因此，在網路上不斷進行誹謗中傷，或者攻擊特定的人引發網路論戰，這樣的事情越來越多，意味著無法消除自己各種情緒的人正在增加。

一般來說，忍耐力強被認為是一件很了不起的事情。但是，真的是這樣嗎？所謂的忍耐力強，有經得住挫折和打擊的意思，但這種狀態也可以說是在傷害自己。

所謂的忍耐，就是沒有按照自己的想法和內心的狀態。**如果一直忍耐，那就意味著你一直在無視和背叛自己的內心**。因為不斷忍耐、傷害著自己，所以會突然變得情緒化、破口大罵、失去冷靜，甚至變得有攻擊性。

但如果以自我為中心來理解這樣的忍耐，就會將忍耐看作是沒有按照自己的想法和心情的表現，更是為了提醒自己「我現在狀況不佳」的資訊。可以說忍耐是從潛意識所發出的訊息，說明你正在粗暴的對待自己。

因此當你察覺自己正在忍耐時，就不應該維持忍耐的狀態，而是該回到自己的內心，試著詢問自己的真實想法。

總結來說，就是這樣的順序。與其傷害自己，不如決定按照自己的意願做選擇。

為了不忍耐，首先要**察覺自己試圖忍耐的瞬間**。如果發現自己在忍耐，在那個當下就問問自己：「我到底想要怎麼做？」這個瞬間就能夠從他人中心回歸到自我中心。然後你就會開始思考：「為了自己，為了不要忍耐，我該怎麼做才好呢？」

舉例而言，為了不再忍耐，你可能會拒絕別人拜託自己的事情。但你可能也會同時察覺到：「因為害怕拒絕，所以我還是忍耐著接受了。」就像這樣，大家只要察覺到自己害怕拒絕即可。

如果發覺自己害怕拒絕，就能找出自己今後該怎麼做的方向。在這種情況下，如果意識到自己害怕拒絕，想法就會變成：「那麼從現在開始，雖然很害怕，不過今後還是以拒絕為目標。」

擅長忍耐的人、容易情緒化的人之所以感情用事、與人爭吵、把情緒發洩在毫無關係的人身上，大多非常欠缺與對方好好說話的經驗。

因此，無法平靜面對對方、不能冷靜地和對方交談，這對他們來說是最可怕的事情。狗之所以會凶猛威嚇的吠叫，是因為害怕。

據說越是弱小的狗越愛吠叫。如果弱小的狗完全無法吠叫、威嚇，就會完全地意識到自己的恐懼。那是比吠叫、威嚇還更可怕的事。

總歸來說，當你發現自己正在忍耐的時候，先試著問問自己：「我到底想要怎麼做？」傾聽自己內心的感受和欲望。僅僅是這樣，就已經是一種愛自己的表現了。

心理師的小提醒

忍耐是來自潛意識的訊息，傳達出：

「你正在粗暴地對待自己。」

——你之所以生氣，就是因為一直這樣暴力地傷害自己。

第3章

愛比較沒關係，但要越比越有成果

1

越比較，越嫉妒，越不甘心

想要競爭並獲勝的心越是強烈，就越會在意對方和周遭的事情，競爭心也會越演越烈。當你認知到對方比你優秀的瞬間，嫉妒心就會油然而生。在嫉妒心當中，除了有不想輸的心情，同時也存在已經輸了的心情。

當然，每個人都有這種嫉妒心，因此也不是說絕對不能懷有這種情緒。即使萌生嫉妒心，只要擁有正面的心態，就能認同他人的優點和長處，並坦率地給予評價。

善用嫉妒心，就能成為提升自我的動力，並透過相互切磋、琢磨，和對方一起成長。相較於此，一旦競爭心過盛，就會不停拿對方和自己比較。

特別是忍耐力強的人，就如同第2章所說的，自己的意識會更加朝向他人。越是他人中心，越會被對方束縛，如果自己處於優越的狀態，就會產生優越感，用居高臨下的眼光看待他人，擺出瞧不起人的態度，進而引發更多衝突。相反的，如果認為自己輸了，在那個瞬間則會變得很不甘心。

這種對抗的心理，會讓人變得扭曲偏頗、妒火中燒。這就是嫉妒心的真面目。這個時候，如果對方受到了不合理的優厚對待，你則會更進一步產生不公平的念頭，進而被複雜的想法所驅使。

吵架不論輸贏，都會造成恐懼

此外，雖然懷著嫉妒心，但是那種「已經輸了」的意識也會導致自卑感。而且一旦拿自己與對方這樣比較，也會由於太過在意對方的一言一行，進而增強負面的感受。

帶著負面感受去注意對方，就會持續在內心裡產生否定、責備或攻擊的情緒。這個時候，無關自己的想法是否合乎道理。自己在內心當中帶著負面感受去注意對方，這種心態本身就是一種忍耐。嫉妒、厭惡和仇恨也是如此，因為是處於忍耐的狀態，光是如此就會滋生負面情緒。

如果無法消除接二連三產生的負面情緒，就會形成憤怒，心情變得更具攻擊性。一旦把這種具攻擊性的情緒發洩在別人身上，當然就會引發爭吵。無論是在何種狀態之下，爭吵都會產生恐懼。就算是吵贏對方，恐懼的心情也不會有所改變。

所以，人們大多會試圖壓抑想爭吵的心情，但是，這樣的忍耐只會讓負面情緒更加高漲。雖然如此，如果實際和對方爭吵，恐懼又會帶來更多的恐懼。忍耐、憤怒和恐懼變成一種組合，讓我們陷入這種惡性循環。所謂的忍耐，就像是不斷地在自己的心中製造憤怒和恐懼般的存在。

另一半做出討厭的事，我應該阻止嗎？

某位女性曾問我：「我知道彼此應該互相認可對方的自由，但就算老公做的事情讓我覺得不爽，也不能跟他說不要再這樣做了嗎？」

這不僅限於夫婦之間，無論是親子、職場還是朋友關係，也經常有人問到這樣的問題，例如：我不能容忍對方做自己不喜歡的事情，要怎樣做才能阻止他呢？

首先，因為自己不喜歡對方的言行就想阻止，這本身就是帶有支配性的想法。就算彼此都有不喜歡的事情，也無法強迫對方停止。如果出現想阻止的想法，可以說從一開始，就是處於情緒化的爭吵狀態。

以這對夫妻來說，為什麼丈夫會做妻子討厭的事呢？如果丈夫知道這是妻子討厭的事卻還持續做，可說丈夫已經對妻子出現報復性的心情了。

當然，如果以這種方式做出令對方不舒服的言行，那就意味著兩人已經無法溝通。又或是一方或是雙方，可能都自作主張地認為對方無法溝通。

如果兩個人處於這種敵對關係，妻子越是說：「別這樣。」丈夫就越不可能停止。為什麼呢？因為如果默默服從妻子的話，丈夫就是在對敵軍投降。本來丈夫就是藉由做妻子討厭的事情來反抗，所以當然不可能停止。換句話說，持續做妻子覺得討厭的事情，也是丈夫的一種無言報復。

此時，問題不在於丈夫的這種行為，是有自覺還是不自覺。因為如果從意識的角度來解釋，即使當事人沒有意識到，但是他所做的行為也會被視為是事實。但若是**在不經意間進行報復，便不會產生罪惡感。**

2 是什麼讓我們從對立，變報復？

為什麼兩個相愛的人會彼此報復呢？答案就是因為忍耐，兩人彼此並不認可對方的自由。有時候妻子會反對丈夫做的事，而丈夫也會因妻子反對，所以故意去做，就像這樣在各種情況下對立。

話雖如此，但唱反調的不僅是丈夫，從丈夫的角度看來，妻子也在做著丈夫不喜歡的事。若要追究原因，這種報復戰不就是因為雙方都不承認對方的自由，彼此都在忍耐著的緣故嗎？

無論是在家庭還是職場，都常出現下列狀況：

- 因為我拚命努力，所以不容許別人偷懶。
- 我明明是兼職員工，卻像正職員工般被硬塞工作，令人無法忍受。
- 我耐著性子做家事，你卻輕鬆地休息，真讓人火大。
- 因為忍耐著工作的辛酸，一旦被家人發牢騷，就覺得煩躁。
- 自己省吃儉用，因此家人亂花錢就會很生氣。

人們就在各種忍耐之下，埋下爭吵的種子。

不認輸的心，使爭吵無法停止

如果與對方之間的關係是健全的，至少彼此能夠交談溝通。但是，若雙方反目成仇，就算是交談，由於雙方的目的都是堅持自己的主張，最終還是會發生爭執。即使表面上採取對話的形式，如果目標就是爭吵，即使堅持了自己的主張，也不會感到滿意。

從自身的立場出發，大家都會覺得自己是正確的。但是如果是以爭吵為目標，那麼對錯就無關緊要了。為了在競爭中戰勝對方，語言只是方便好用的工具而已，所以不需要理由，也不可能公正，更不需要合乎情理。

實際上，我們不能容忍的不是論點的對錯，而是對方反對、不服從、否決或拒絕自己。簡直就像是狗跟貓吵架一樣，完全沒辦法溝通。

對於對方的負面情緒做出反應，只會使得負面情緒升高。因為既然是爭吵，當然就不能輸給對方，無論對方多麼正確。不，倒不如說對方越正確，你就越無法認可，因為如果承認對方正確，就等於承認自己輸了。

通常人一想到輸，就會覺得害怕。在那一瞬間，害怕自己在對方面前永遠抬不起頭，所以絕對不能輸。這種爭吵如果持續下去，當然不可能解決任何問題。

但是，這對於正在爭吵的人來說，即使無法解決問題，至少自己不會輸。反覆下去，目標就會逐漸變成互相爭執，成為一件難以處理的事。我認為，這就像當前社會上持續蔓延的人身攻擊、網路論戰、仇恨言論等現象。

3 忍耐不等於意志堅強

所謂擅長忍耐，絕非意味著意志堅強。忍耐確實能培養出即使陷入困境，也能忍受的能力。但誠如前述，忍耐的同時也會產生恐懼，例如：

- 因為害怕所以什麼都不主張。
- 默默服從讓我感到可怕的人。
- 與其透過自己行動去改變狀況，還不如靜靜忍受這個環境。
- 過度害怕孤立無援的狀況。

就像這樣，因為害怕，即使自己現在的環境不適合，也會一味地忍耐，試圖迴避自己的問題，這就是善於忍耐的真面目。也因為如此，我們無法滿足自己的欲望、心情和情感。越是忍耐，越是累積每個時候的憤慨，越容易轉化成憤怒和憎恨。

忍耐的另一種解釋，就是什麼都不做

儘管如此，如果不採取行動，就會認定自己沒有能力。直截了當地說，**所謂的忍耐，就是不去行動。**雖說在心裡攻擊對方，卻沒有行動力，無法獲得執行力。自信是從實際行動中產生的，但忍耐卻會剝奪行動力，給自己帶來無力感。

話雖如此，即使你很想採取行動，卻又只是一味地忍氣吞聲，與此同時還覺得怒火中燒，自然也就無法察覺自己真正的情緒。如果沒有察覺到自己內心真正所想，就無法為了自己而行動。

由此可知，**所謂的忍耐，就是在無視自己的內心**，從這一點來看，便已經是在傷害自己。如果連自己在傷害自己都沒察覺到的話，那又如何能夠自我療傷呢？

這樣的狀態一旦持續，便無法獲得真正的滿足感和充實感，也無法消除盤踞在自己內心的隔閡，於是你就會把憤怒和憎恨發洩到對方身上，使得爭執之火越演越烈，進而挑起毫無意義的爭執。

情緒化，其實是好事

處於爭吵中的人，雖然也認為自己在忍耐，不過總是被他人或外界的事情所束縛，所以不會注意到自己的言行。實際上，他們已在不自覺當中傷害很多人。

我們之所以情緒化地攻擊別人，是因為自己受到傷害，所以不得不出手反擊，但是越是這樣，自己也越會受到傷害。

那麼，那些主動挑起紛爭的人又怎麼說呢？原因之一，是即使能夠忍耐，也無法和他人心平氣和地交談。觀看國會質詢的新聞時，你會發現一般人其實並不善於聆聽對方說話，也不擅長好好交談。

其實在情緒化之前，雙方只要冷靜下來，心平氣和地交談即可，但是如果沒有這種技巧，就無法交談。此外，如果已經處於忍耐的狀態，面對對方時就會有所防備，或是產生恐懼。

如果情緒化地直接提出主張，對方一定也不會有好臉色，日後彼此的關係也容易惡化，自己也會受傷，是一種損人又害己的事。

有過這樣的經歷之後，人就會「更加努力地忍耐」吧。如果陷入他人中心的狀態，對他人只會有負面的觀點，無法忍耐的事情也會越來越多，最後使得情緒一口氣爆發。

此處還有一個重點，一旦變得情緒化，其實也會有「更容易提出自己的主張」這個好處。比方說，當你被怒氣所驅使，發洩在對方身上。但在那之前，你已經因為害怕發生爭執而受傷，所以選擇忍氣吞聲了好長一段時間，只不過如今已經到了忍耐的極限。

如果氣到怒髮衝冠，在這股氣勢之下，引發爭執的恐懼，和提出主張的恐懼也會在瞬間煙消雲散。如果自己的情緒戰勝恐懼，**就能把一直忍耐的事情向對方宣洩出來**。就像這樣，當你情緒激動時，恐懼就會消失。

除此之外，情緒化還有另一個好處，那就是可以藉由破口大罵去威脅、恐嚇對方。如果對方在那股氣勢之下有所退縮，就能夠更進一步地讓對方服從。另外，就算你沒有真的破口大罵，只是發出像是狗兒恐嚇般的低吼喉音，對方想必也會顫抖著順從。

而在對方順從自己之後，就要給他糖果。現在的社會好像也崇尚著這種「糖果與鞭子」的互動關係。

4

攻擊別人，是為了隱藏自己的問題

爭吵會蒙蔽我們判斷、決定事物的雙眼。舉例來說，A公司和B公司的關係相當微妙，與其說彼此信賴，倒不如說兩間公司是因為利益而合作。因此，雙方在檯面下，為了由誰掌握主導權而爭吵不休。

某次涉及A公司和B公司的交易，導致巨額虧損。從A公司的角度而言，看起來是B公司搞砸了；從B公司的角度而言，看起來卻是A公司的失敗。因此A公司攻擊B公司，B公司也攻擊A公司；雙方都指責是對方的錯，誰也不願意讓步。

若是以過失的程度來說，就像是發生交通事故一樣，雙方都有錯，只是差在錯誤程度的比例而已。然而，如果雙方真的為此爭執，就不可能有如此客觀的看法，反倒是兩間公司，都為了將責任轉嫁給對方而卯足全力。

在公司面臨存續危機的情況下，員工當中有不少人選擇與公司共進退，群起攻擊對方公司。但是這種相互指責、用不理性的言語攻擊其他公司的做法，並不能從根本面解決問題。

一旦陷入他人中心的想法、被對方所束縛，試圖將自己的情緒發洩在對方身上，就會**完全看不到問題的本質**。

不願承擔責任，才把別人當成代罪羔羊

那麼，在這種情況下，姑且不論誰有錯，兩間公司相互攻擊對方，實際的受害者是誰呢？當然就是員工。

如果員工們群起攻之，一味指責是對方公司的錯，業績就會提高嗎？自己的薪水就能上升嗎？就能夠獲得公司的禮遇嗎？相反的，還可能會有人因為那筆虧損而慘遭減薪，或者因為業績不佳而慘遭裁員。

假設兩間公司相互攻擊對方，雖然這樣的行為不值得鼓勵，但至少還有一個好處，那就是**所有的人都不必自己負責任**。公司裡的每一個人都可以透過攻擊其他公司，**把責任歸咎於他人**，且不用承擔自己的責任。

尤其對於公司的經營高層來說，這是很大的好處。員工會和經營高層一起攻擊其他公司，進而迴避各種責任。如果你是這種公司的管理階層，應該會覺得鬆了一口氣吧。

藉由攻擊其他公司，可以將自己的責任含糊帶過。如果原本就經營不善，就能以此為藉口，對公司員工進行整頓；又因為員工本身也同意錯在其他公司，所以無法強烈反彈，最後即使因此被減薪，也不得不接受。

可笑的是，這就是職場常見的模式。**不打算承擔責任的人，會將別人當成代罪羔羊**，說出以下的話：

- 業績沒有提升，是因為員工的無能。
- 公司內的氛圍不佳，是因為有某人在。
- 因為上司態度散漫，所以員工才會一盤散沙。
- 因為有那種懶惰蟲，所以我們很辛苦。

即使像這樣越說越帶勁，既不會讓職場氛圍變好，也不會提高業績。

相反的，以這樣的方式攻擊他人，反而會掩蓋問題的本質。如果順著這個方向發展下去，終究無法從根本面解決問題，在未能改善的情況下原地打轉，就像掐住自己的脖子一樣作繭自縛。

5 察覺自身情緒，是改善人際關係的第一步

負面情緒並不會隨意發生，而是因為忽視了自己的感受、欲望和想法所致。被他人的想法所束縛，使你無法按照自己的內心做出選擇和行動。

因此，即使帶著攻擊性的眼光看待他人、在內心批評對方，或是實際採取攻擊性的行為，也絕對無法從內心感到滿足。**攻擊他人，等同於不重視自己**，因此無法從內心感到滿足，也是理所當然的事。

若你也是這樣的人，要先**從意識到自己陷入負面情緒開始練習**。只要察覺到那個瞬間，就能掌握自己真正的感受，比如你會為什麼事情生氣、討厭什麼、害怕什麼。換句話說，相較於處理他人的事，你會先把關心自己擺

在第一位，如此一來，就能察覺到自身情緒。

舉例而言，某次A同事突然揪著你衣領，情緒化地說：「就算你私下拜託要我多關照，但我自己也很忙，我不可能什麼事都幫你善後，我辦不到！」這個時候，如果你也以他人中心的反應來反駁對方，很容易就會發生爭吵。

若真的變成那樣的話，即使你的認知是「我討厭A同事」，但你和A同事之間的互動卻直接跳到了爭吵，完全不知道自己和A同事吵架的原因，只是一直討厭著對方。找不出問題的真正原因，你當然會很痛苦。

掌握全局，是問題的唯一解法

如果你以自我為中心，關注自己內心的感受，並且察覺到A同事的責備語氣總是讓人受傷，以及對於「我不可能事事都幫你善後」這樣的說法感到不爽。然而，這一切的起因，其實是因為在幾個小時之前，你對A同事抱怨說：「就算你一下子命令我做這個、做那個，我一個人也做不到！」

若能察覺自己當下的情緒，自然也能夠掌握整體狀況；一旦掌握整體狀況，便能預見具體的解決對策，光這樣能減輕情緒化的程度。

此外，雖然你對A同事說的：「命令我做這個、做那個。」像是責備似的主張，但那或許是因為，你察覺到你正在逼迫自己「這件事和那件事，我都必須快點做」也說不定。

如果你能夠發自內心地認同自己，不妨告訴A同事：「我就按照我的節奏就好。」或是表示：「那麼，首先我要做這個。由於完成之後還有其他工作，所以那個工作我之後再做，不知你覺得如何？」用這些禮貌的方式來表達自己，情況一定會變得不一樣，和A同事之間的關係也會隨之改變。

心理師的小提醒

比較之心是來自潛意識的訊息，傳達出：

「你正在被他人所束縛。」

——為了自己，好好運用你天生就有的行動力吧。

第4章

破除愛慕虛榮的假象，你會越來越優秀

1
外在的華麗，不代表內心的自信

有位心旁鶩，一心一意只想自我磨練的女性。她不僅取得有助工作的證照、常去保養肌膚的美容沙龍，也會培養自己的時尚品味。為了維持時尚亮麗的外型和體態，她也常去健身房。

但是對她來說，這麼做的目的，與其說是為了自己，不如說是想找到一個好男人。她說：「我如果沒有比別人更出色，就不會受到關注，即找到了優秀的好男人，如果自己和他不相配不是很丟臉嗎？」

她之所以為了這樣的目的而努力磨練自己，是因為她相信女人是被選擇的性別，其價值是由能夠得到怎樣的伴侶所決定。對她而言，男性就像是運動的冠軍獎盃或優勝錦旗一樣。

像她這樣愛慕虛榮的人，總是被想要得到別人認同、想要獲得他人關注的想法所束縛；比起心靈的內在和精神層面，她過分拘泥於外在的表象，諸如頭銜、地位、名譽、地位、時尚、寶石、飾品或室內裝飾等。

自信沒人能給，更別自己摧毀

有人會用自尊心很強來形容自己。但即使當事人是這樣想的，看在他人眼裡，卻是高傲、狂妄、自以為是、桀傲不遜、狗眼看人低、固執己見、對人嗤之以鼻、態度冷淡等負面評價。

或許，也有人會以為上述這些評價，指的就是自尊心很強。但是，這些帶有批判意味的自尊，和自豪、傲氣等真正的自尊並不相同。若以自我中心的角度來看，這兩者的內在層面甚至可以說是完全相反。

誠如前述，我們的內心同時存在著自我認同需求，和他人認同需求。每個人都想從根本面提升自己、想要讓自己成長、想磨練自己的心志等。擁有這樣的欲望，就是自我認同需求。然而，想要受到他人信任、想要聚集聲量、想要受到尊重等，這樣的欲望就是他人認同需求。

如果在這種他人認同需求的基礎上，再加上他人中心的意識，就會產生想要集眾人矚目於一身、想要高人一等、想要讓他人服從、想被人認為比別人優秀、想被人稱讚、想被人崇拜……的想法。

甚至還會再加上想被他人嫉妒、想讓人羨慕、想讓人憧憬……這些帶有支配性的欲望，然而，當達不到的時候，你便會感到相當沮喪。

當然，他人認同需求本身其實是一件好事，因為可以在與他人競爭的同時，提升自己的上進心。將這種相互競爭的心情當成動力，以競爭對手做為目標，產生像是想要追上那個人、想要比那個人更優秀等想法。

或者你可能產生因為那個人正在努力，所以我也要加油、因為那個人做得到，所以我沒道理不會等想法，並以此鼓舞自己，同時也能引導和提升自身的能力，讓自己有所成長。當他人認同的欲望得到滿足時，就能專注於自我認同需求了。要記得，自信是需要自己建立的，更別自己摧毀它。

他人認同需求，是一種陷阱

在滿足他人認同需求的過程當中，你必須注意幾個陷阱。其中之一是他人認同的不穩定性。

首先，他人認同顧名思義，需要依賴在他人的「認同」之上，所以特別容易受到他人的心情和周遭狀況所影響，跟自我認同比起來，相對地比較不穩定。

第二點則是，如果你越想得到他人的認同，意識就越會以他人為中心。一旦意識變成他人中心，過度重視來自他人的評價，你就會開始產生自己無法認同自己，或是無法認同原本的自己等問題。如此一來，如果得不到他人的評價和稱讚，你就會不斷被焦慮感所影響，或者過於害怕來自他人的批評。即便是很小的失敗，你也會驚慌失措。

如果懷著想得到他人認同的欲望，你就很容易被原本就不穩定的他人認同心態所左右，進而受到更大的傷害。一旦你陷入這種狀態，原本可能發揮積極作用的競爭意識，往往便會出現負面效果。

更嚴重的是，那種競爭意識越強烈，你便越會對於競爭對手產生敵意、不寬容、嫉妒等難以控制的情緒。

最後，第三個陷阱是為了獲得他人的認同，你往往會更優先考量他人的看法，而不去思考實際情況是如何，或是自己想要怎麼做。如果只是偶一為之，倒也不會有太大的問題。但是，若這種情況三番兩次出現，一旦養成習慣，便會對你的生活造成嚴重影響。

如果過度執著於他人認同，無法接受現實中的自己，就會試圖裝做自己很強大，產生諸多自吹自擂的言論，例如：我認真起來一定也能做到、只要有機會，我會做得更好……。

當這種情況愈演愈烈，你的言論中就會開始混入謊言，開始把做不到的事說成能做到，把沒做過的事說成做過。為了掩飾，你還需要用另一個謊言來圓謊，說謊的頻率也會越來越高。總而言之，我們會因為自己的虛榮，漸漸地變得進退兩難。

一旦你執著於他人的認同，就會無視自己的心情，以他人的標準來思考和選擇事物。持續下去，會漸漸不明白自己的心情，自己的願望也將變得模糊不清。因為無法按照自己的心情做選擇，也就無法實現自己的願望，所以心情鬱悶、焦急煩躁的情況也會增加。

但即使心情鬱悶、焦急煩躁，因為無法理解自己的心情，也不知道發生的原因，因此便無法從根本上解決問題。這將使你不能貼近自己的情緒和欲望，也就會更加損害對自己的信賴和真正的自尊心。

2 愛慕外界的虛榮，忽略了真正的自己

愛慕虛榮的人，不會察覺到自己真正的欲望。這是因為**如果我們一味地追逐他人的認同，就會逐漸迷失自己真正的感受、欲望和情緒**，進而變得更加以他人為中心。

這樣的人，不去做滿足自己內心的事情，比方說客觀地看待自己的外表；反而著重別人眼裡，自己看起來是否是好厲害、好漂亮、好風光、好了不起……，活在自我陶醉的幻想之中。

然後，對於所有的事情，這些人會產生一種「怎麼樣？我很厲害吧！很羨慕吧！你們和我的水準本來就不一樣」的想法，不斷地想像別人眼中的

自己，每次都要在被人稱讚了之後，才感到滿足。

鎂光燈不會永遠打在你身上

人人都深信著我比別人優秀、我比別人了不起、我是被選中的人等，因而就像是在欣賞自己擔任主角演出的電影一般，陶醉於電影中的自己，幻想著這樣的自己。

當然越是想要扮演別人眼中「優秀的自己」，就必須虛張聲勢、打腫臉充胖子。但與此同時，這也會使你忽視自己的內心，背棄真實的自我。

因此，偽裝和自我否定，成了為了得到滿足而虛張聲勢的代價，而自己也會不斷被這種自相矛盾的不安、焦慮和恐懼所折磨。

想要被他人稱讚好厲害、了不起、好風光、好優秀、好美麗等，就必須經常處於鎂光燈的焦點才行。然而，**要經常成為眾人的焦點，是一件很困難的事**。

舉例而言，先前提到的那位專注於磨練自己的女性，她從一開始就認為不可能憑藉自身力量獲得比別人更好的東西。另外，她也深信女性是被選擇的性別，而被選擇這件事不只是性別，連自身成就她都認為是被選擇的。

考試滿分被稱讚、通過入學考試取得資格、在各種比賽中獲獎，生命中的各種事務，她都想獲得認可。但如果認定靠自己的能力無法獲得，卻仍想成為所謂的「勝利組」，那麼她就只能讓自己被成功人士選中。如果不那樣做的話，她就會失去自信。

因此，她選擇優秀的人做丈夫，如果不能如願以償，她就會激勵丈夫成為那樣的人，變成嚴格的母親，拚命想把兒子和女兒培養成那樣的人。她不是靠自己去努力，反而是拚命地鞭策他人，以達成自身的成就。

自我評價越低的人，越愛慕虛榮

如果努力便能夠獲得好結果，大家當然能夠感到滿足。但是，並不是任何人用這種方法都能夠順利，反倒是不順利的人還比較多。

因為不甘心，因此剛開始的時候，即便結果不順利，你也會繼續保有虛榮心。但是，虛榮心就是因為憑藉自身力量無法得到想要的結果，導致自我評價偏低才產生的。

因此，如果他人的反應不如自己的預期，哪怕是一點小事，你也會被不服氣的心情所侵襲，產生諸如：把我當笨蛋瞧不起；居然反對我、敷衍我；我為你做這麼多，卻連一句問候都沒有，真沒禮貌……的想法。所以對於這樣的人，你會感到生氣，無法原諒對方。

甚至有時候，光靠自吹自擂無法平息怒氣，你也許還會攻擊弱小的對手，或是讓自己身旁類似跟班的人，故意去找他人麻煩。

但是，這些行為在其實都會讓自己的心情更加悲慘。為什麼呢？因為不管你怎樣欺負對方，一定都會在對方的身上，看到過去自己悲慘的模樣。

如果進一步探討這種心情的來源，即使付出這些代價也不願放棄虛榮心，原因或許就是寂寞空虛和孤獨感吧。

3 不信任和恐懼，使人們相互較勁

儘管可以透過電子郵件、社群媒體或通訊軟體等方式聯繫他人，但最近卻越來越多人，不僅是和對方面對面交談有障礙，就連打電話傳達重要的事情，都會覺得懶惰或嫌麻煩。

寫成長篇大論，有些人覺得很困難；透過文字表達，內容人們也都寫得很簡單。甚至還有人說思考本身就很麻煩。**只不過懶惰或嫌麻煩，這類言論的背後，其實都潛藏著害怕的心情。**

對話，可說是一連串的即興發揮，只要彼此信任，就可以放心交談。就算是說錯話，只要雙方擁有透過溝通就能夠互相理解的信賴感，也就能夠消除隔閡。

但是，倘若缺乏這種信任關係，我們就不得不提防對方。若是深信自己說錯一句話，就會遭到對方反擊，我們難免就會擔心自己所說的話，對方會有負面的反應。

雖然愛面子，是因為想要在對方的面前佔上風，不過這也是用來保護自己的防禦方法。而我們之所以會**為了勝過對方相互較勁，就是因為不信任他人和恐懼感所致。**

虛假的優越感，只會帶來寂寞和空虛

當我們在向他人炫耀：「我之前和家人一起去歐洲旅遊一週，玩得很開心！」的時候，即使那一週實際上是爭吵不斷，我們也不會告訴對方。又或者像是：吃牛排時，就要去○○店、我只穿○○品牌的衣服……，有時候我們也會像這樣相互較勁，以彰顯自己的優越感。

然而，我不認為這種優越感能夠消除恐懼感和警戒心。更不用說，也不可能治癒壓抑在自己心中的寂寞和空虛。

如果為了這根深蒂固的恐懼、寂寞和自我信賴感低落，而想要打腫臉充胖子，那麼就不可缺少像是財產、資產、名譽、頭銜……等這些能夠滿足他人認同的絕對條件。（如圖表7的說明）

實際上，要以這些條件做為目標與人競爭，是一件非常辛苦的事情。即使暫時沉浸在處於優勢地位的滿足感之中，若是長期以此做為衡量自我價值的標準，終究會感到空虛。

而且當你越是這樣做，**恐懼、警戒心和寂寞就會越強烈**，但是自我評價卻不會提高。為什麼呢？因為本來你可以用在貼近自己真實的心情、滿足

圖表 7　人們總是愛面子的原因

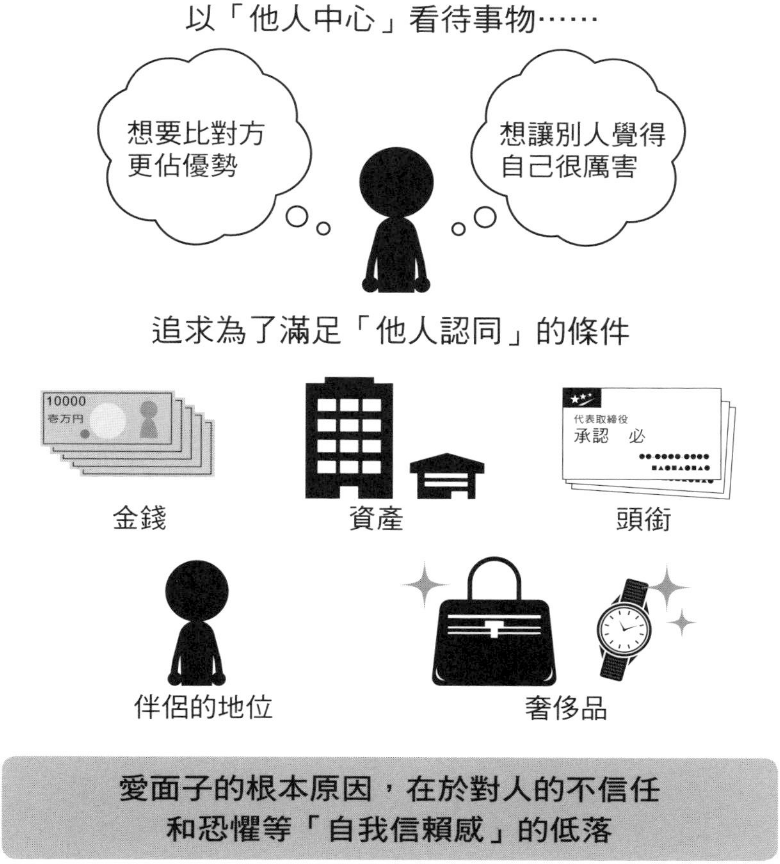
以「他人中心」看待事物……
想要比對方
更佔優勢
想讓別人覺得
自己很厲害
追求為了滿足「他人認同」的條件
10000
壱万円
金錢
資產
代表取締役
承認　必
頭銜
伴侶的地位
奢侈品
愛面子的根本原因，在於對人的不信任
和恐懼等「自我信賴感」的低落

自己內心、提高自我信賴感的寶貴時間，將會大幅減少。

此外，**一旦你的心被虛榮困住，不僅會變得無法接受自己，還會更加強烈地想讓別人來滿足你那顆未被滿足的心**。當你越是向他人尋求內心的滿足，心反而會遠離自己，變得越來越看不見。如果連自己都無視自己的內心，那又該如何自我滿足呢？

無論在什麼情況下，你就是最能撫慰自己內心的人。我們之所以無法自我滿足，就是因為忘記去撫慰、貼近、珍惜自己的內心。這句話不僅僅是指那些愛慕虛榮的人而已，也同樣適用於所有的現代人。

不借助他人的力量，就無法認同自己，所以人們才會拚命追求他人的認同。這樣的做法，使得許多人孤立自己的心，切斷與他人的連結。

如果當前社會是這樣的情況，那我們就必須有自覺地**回歸自我、察覺自己的情緒、培養愛自己的心，並找回那個能夠感受到愛的自己**。

4 遵從自己的心，他人的評價算什麼？

對於愛慕虛榮的人而言，缺少的正是藉由自我認同來獲得滿足的自我信賴感。要是沒有裝飾自己的外在物質，他們就無法說出：「我喜歡自己。」由於他們深信，沒有來自他人的評價，自己就一無所有。因此，當他們失去來自他人的評價時，便可能會面臨孤獨和絕望感。

不過，那些在虛榮心作祟之下相互較量的人，也有不少人原本在物質上就很富足，或者擁有能從外界輕易獲得好評價的能力和資質。因此，這也讓他們更加汲汲營營於得到他人的認同。

那麼，想要讓這些人重新找回自我信賴感，該怎麼做才好呢？首先，

當因為虛榮心作祟，而出現想要較量的心情時，要先察覺到自己的意念。舉例而言，有位愛慕虛榮的朋友，邀請你參加一趟豪華旅行。揣摩一下，當你聽到這個邀約的時候，抱著怎樣的心情呢？

「哇！聽起來很好玩，我一定要去！」如果你心中湧現這種積極正面的情緒，那麼可以說想去的心情很強烈。相反的，如果當你聽到對方邀約的瞬間，心情變得很消極，想著：「要去也是可以，但又會增加開銷。不過，一來不能拒絕，也不想被排擠，所以只好參加吧！」那麼你想去的意願便不是太高。

愛你所選，該放棄就放棄

想要提高自我信賴感，就要盡可能按照自己的內心做出選擇。然後，對於能夠按照自己的內心採取行動這件事，你會發自內心給予自己正面評價，產生能夠為了自己而行動，感覺真好的想法。

只要你能夠依照內心做出選擇和行動，即使不依靠他人的評價，你也能夠認同自己的價值，進而滿足自我認同的欲望。而且這麼做也會逐漸地提高自我信賴感（如圖表8）。綜上所述，我們可以得出兩項重要關鍵：

- 當你做決定或下判斷時，首先要察覺到自己的情緒。
- 務必按照自己的情緒做出選擇和行動。即使無法做到百分之百，也至少要盡可能依心而行。

在感到負擔的同時，卻還是為了虛榮心而處處與人比較，就是無視自己的內心。

圖表 8 提高自我信賴感的方法說明

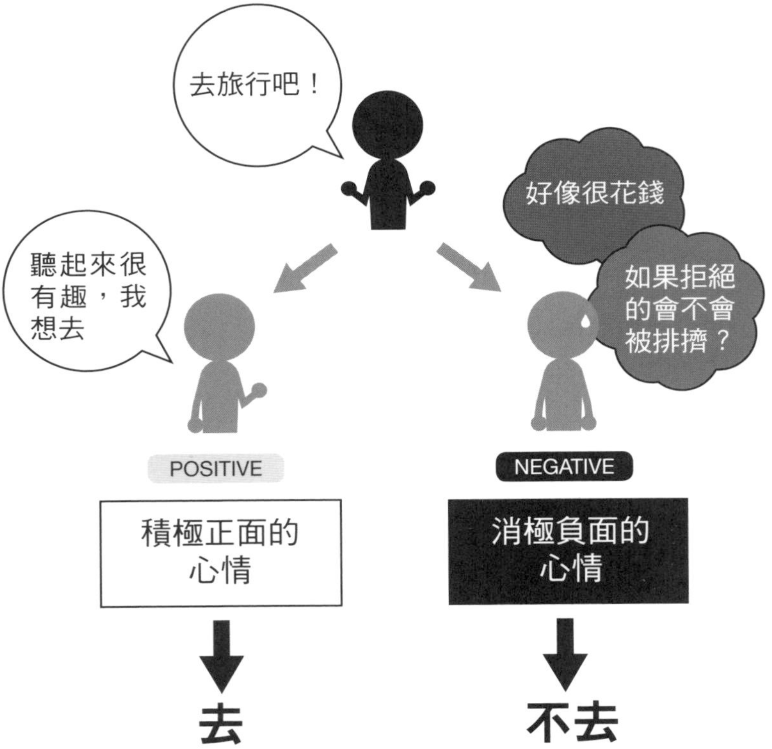

儘量按照自己的內心做出選擇，自我信賴感就會提升

由虛榮心這種負面情緒所引發的競爭心，可說是來自潛意識的訊息，傳達出「你正被他人所束縛」。如果繼續無視這個訊息，只以他人的認同為目標，你就會繼續打腫臉充胖子。

以自己的情緒為基準，當你要做的事情與情緒相左，或者當你察覺到自己的負面情緒時，只要能夠下定決心，體認到：**讓自己心力交瘁的事就別做了吧、讓自己感到負擔的事就放棄吧**，便一定可以逐漸從這種虛榮心之中解放出來。

從虛榮中解放，掌握真正的自信

將虛榮心當成衡量自我信賴感的尺規，為了自己而行動，這聽起來似乎很簡單，但想想又覺得好像很困難。然而，只要能夠放下虛榮心，你就會發現那些你來我往、相互較勁的對話和關係，是如何毫無意義地傷害自己。

而且，你或許還會因察覺到自己受到傷害，所以更想要虛張聲勢，反而陷入惡性循環。要記得，虛榮心會讓自己的警戒心和不信任感升高，也降低自我信賴感。

只要你**能夠放棄偽裝自己，放棄虛榮心和那種生活方式，就能夠從各種恐懼之中解放出來，找回真正的自信。**透過這種做法，一直以來你所期望的，想要成為優秀的人、想要成為獲得好評的人，以及想要被別人認同的願望也能實現。

本來你就是擁有天賦，能夠充滿自信採取行動的人。只不過現在的你，是為了虛榮心而使用那個能力。因此，**只要按照自己的內心採取行動，那些為了虛榮心所付出的努力，就可以用在自己身上，**讓自己發揮出更優秀的能力。

心理師的小提醒

虛榮心是來自潛意識的訊息，傳達出：

「你活在他人認同的欲望中。」

——拋開無謂的虛榮心，勇敢地為自己行動吧！

第5章
正視不安，就能夠勇敢行動

1 你習慣負面思考，還是正面思考？

假設你進入公司後，第一次被委派負責小型活動的簡報工作，結果卻以失敗收場。實際上淪落到澈底失敗，是不太可能的事。在你認為失敗的情況之中，也必定存在許多正面的面向，例如：認真收集資料、進行事前調查、多次前往現場、試著模擬好幾次……。

但是，如果你的負面態度較強的話，可能會認為：「在實際發表簡報的時候，我竟然語無倫次，想說的內容就連十分之一都說不出來。」只用這狀況便認定自己失敗。

假使腦中還鮮明地殘留著這種記憶，就算下次還有機會被委派擔任類似活動的簡報工作，也會想起那次的失敗，懷抱著不安，並認為：「如果又像上次那樣以失敗收場的話，該怎麼辦呢？」

在這種思考和情緒的連鎖反應之下，腦中便會產生許多不安的想法，例如：如果這次又失敗的話，可能就沒有第二次機會了；如果這次又失敗，我就再也不能在這間公司待下去了等。

世上並不存在完全的失敗

不僅是上述例子，很多人在預測未來的時候，往往也會想到可能發生的各種壞事，像是：如果失敗了，該怎麼辦；萬一被他人否定，該怎麼辦……。其中有些人還會因為感到不安，進一步想像發生那些情況時的場景，例如：如果遭受尖銳的批評，我該怎麼反駁呢？如果對方那樣說的話，我就這樣說……，試圖思考反制方法。

但是，**總去想可能發生負面的事情，並且模擬尚未發生的場景，會讓你在不知不覺當中，強化對他人的不信任。**

明明在另一方面，也有可能會產生積極正面的未來，例如：你做得非常好，我完全明白了；因為你提出具體的資料，讓人能夠充分理解；在這麼短的時間裡，你調查得可真仔細啊……。不過，若是你的負面態度較強烈，就很難相信他人會給予正面的回應。

要知道，有失敗的可能性，也有成功的可能性。如果能夠抱持著公平的看法，即使你因為失敗的想法而感到沮喪，也能夠迅速恢復。例如：

- 這次就算緊張也沒關係，只要堅持到最後就足夠了，我認為能達成這樣的目標，真是太好了。

- 雖然這次簡報沒有獲得令人滿意的反應，不過我認為自己做得很好。
- 以前站在他人面前，我就覺得痛苦不堪，然而這次覺得壓力減輕了一半，已經算表現得不錯了。
- 雖然從整體上來看，還有很多不足之處，但是至少重點部分已經充分傳達，所以算是及格了。

就算你覺得自己很丟臉，不妨將失敗，當成是讓自己擺脫所有事情都要做到百分之百完美的一堂課。

無論如何，都不存在完全失敗的情況。不管結果如何，其中一定有進展順利的地方，也肯定會有使你成長的地方，只是在負面態度較強的情況下，你一時看不見罷了。（如圖表9所示）

圖表9 負面意識對人們想法的影響說明

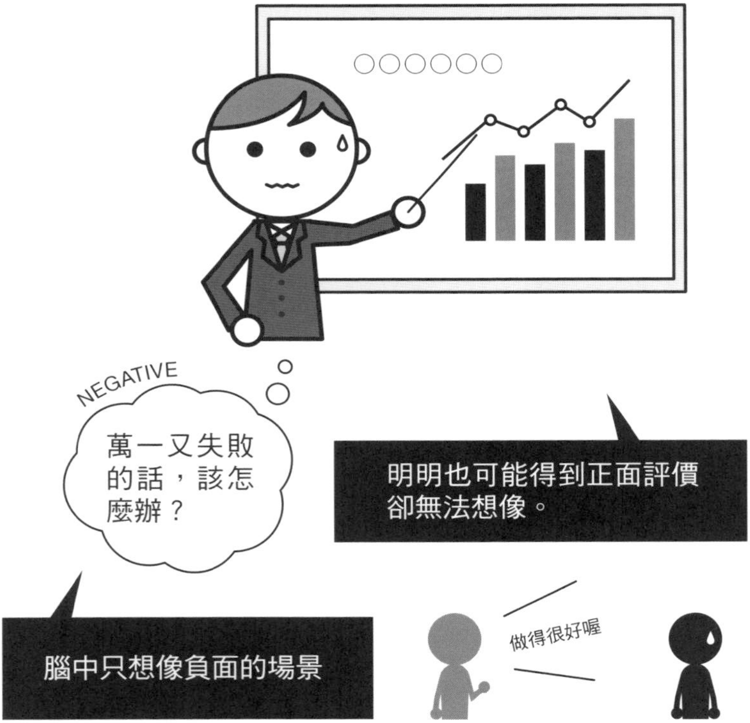

「有失敗的可能性，但也有可能會成功」才是公平的看法

潛意識正悄悄影響你的行為

感受每個當下，要從日常做起，去察覺自己抱持著怎樣的心情、傾向於怎樣的想法、是什麼樣的感覺，又會如何採取行動等。但除非是對自己真的很了解的人，否則就算試圖探究自己內心深處，究竟懷抱著怎樣的意識，恐怕也是搞不清楚的。

為什麼這麼說呢？因為自己在內心深處形成怎樣的意識，相較於思考，自身經驗所產生的影響會更大，而且也會透過經驗來強化自己的意識。

就像自以為有自信的人，實際上卻做出沒自信的行為；而自以為消極的人，實際行為卻很大膽，人們的顯意識和潛意識之間，其實存在差距。

就拿親子關係來說，就算孩子的顯意識認為一定要孝順父母，然而要是在潛意識中，對父母的否定意識根深蒂固，那麼就算是想為父母做些什麼，也可能會發生適得其反，甚至引起衝突進而加深隔閡的情況。

與其說是發生，更準確的說法是「由潛意識引起衝突」。我將此稱為「**潛意識的報復**」。與此同時，顯意識的自己，因為不知道情況為什麼會變成那樣，無法從根本上解決問題，所以會感到很痛苦。

假使這樣的事情不僅發生在父母身上，也發生在和其他人的人際關係上，或許在自己的內心深處，已深植了負面消極的意識。一旦存在著強烈的負面態度，並且成為基礎，由此基礎為起點的思考當然也會變得負面消極。

負面消極的思考，會讓人產生負面消極的情緒。如果用這樣的情緒展開新的思考，想必會滋生更多負面的情緒。

我們的行為，可說是負面消極的思考和情緒的結果。如果你懷著強烈的負面態度，在思想和行為上就會做出負面消極的選擇；相反的，如果你有強烈的正面意識，在思考和行為上就會做出正面積極的選擇。

2 把注意力轉回自己，勇敢面對不安

那麼，如果你在負面態度根深蒂固的狀態下，預測事情的發展會如何呢？想必你會從過去發生過的各種事中，特意挑出不好的情景，心想：「會不會又發生相同的事呢？」一想起這樣的狀況就感到不安。

如果忽略自己，你就無法擁有積極正面的想法。許多人**一旦陷入他人中心的心態，甚至連自己說話時的用字遣詞有問題，都不會注意到。**

如果活在不自覺中，當你在預測未來發展的時候，或許就會在無意中從「如果無法〇〇，該怎麼辦呢？」開始思考事情。倘若以他人為中心，一味在意他人的眼光，你就會產生以下的想法：

- 萬一自己被嘲笑了，該怎麼辦呢？
- 我是不是偏離對話的主題了？
- 大家是怎麼看待我的呢？
- 如果我發生無法挽回的失敗，該怎麼辦？

當然，思考並不會單單止於思考，還會產生情緒。大多數的人都是在毫無自覺的狀態下思考，因此，一旦你腦中想的盡是負面消極的事情，就會產生負面消極的情緒，無論是否察覺到，你都能確實感受到這種負面想法。

反之，如果思考的是積極正面的事情，就會產生積極正面的情緒，這樣的情緒也能夠真實被感受到。自己在判斷事物的時候，也會根據這種思考所產生的情緒，做出選擇並採取行動，而且這個過程幾乎是自動進行的。

因此，如果你一直被焦慮不安所影響，可以說那便是因為你無視在每個當下，自己所感受到的情緒。

每一次的不安，都有原因

絕對不會毫無道理地，就突然出現不安的情緒。**每一次出現不安的情緒，必定都有它的原因。**一旦無視每一個理由，你就無法消除在每個當下所產生的不安感，因而陷入不斷被茫然不安所影響的狀態。

倘若這種不安情緒已經生根，負面思考就會產生負面情緒。從這種想法中產生的負面情緒，又會形成負面思考，於是你就在這種思考和情緒的連鎖反應中開始原地打轉。

而且，這種**思考和感情的連鎖反應，會讓負面消極的情緒更加惡化。**

當你越是負面消極，就越偏離問題的本質，最終只會毫無意義地陷入不安的狀態，無法採取實際行動。

無論多麼微小的情景，我們都能在其中感受到各種情緒，例如：

● 大雨過後，一整片蔚藍的天空，讓人感覺神清氣爽。
● 一想起喜歡的人，我的心就溫暖起來。
● 一想起討厭的人，我就覺得很生氣。
● 走著走著就有人撞過來，害我嚇一跳。
● 差點在樓梯上跌倒，讓人嚇出一身冷汗。

就像這樣，人之所以會出現這些心情和情緒，都有其理由和原因。但是，要是在你的情緒特別負面消極的時候，裝作若無其事的打發過去，當時產生的負面情緒非但不會被消除，還會累積在自己的意識深處。

如果心裡累積這些負面情緒，你就會在不知道原因和理由的情況下，被茫然的情緒給困住。例如：

- 對於未來我總是莫名感到茫然、不安。
- 不知道我為何一直在生氣。
- 不知道為什麼，就算是小事，我也會立刻就發脾氣。

如果你一直被這種**茫然的情緒**所驅使，那麼原因可能就是出在親子關係或家庭環境上。當家長向我諮詢親子問題的時候，我很常會聽到這樣的投訴內容：

- 不管我提醒孩子多少次，他都不遵守規定，真讓人生氣。

●孩子明知會遲到，還一直拖拖拉拉的不動，令人覺得很煩。

然而另一方面，從孩子那邊聽到的心聲則是：

●父母每天都嘮叨個不停，真讓人厭煩。
●父母無論什麼事都要反對，完全不聽我說話，所以我不想再說了。
●不管我怎麼說父母都不想改變，所以我乾脆放棄。

我發現，這種茫然不安的人多半都會在情緒的驅使下，把氣出在別人身上。這個時候，當我詢問：「心情如何呢？」幾乎所有人都會回答：「沒有想像中那麼痛快。」這當中也有人會說：「罵出來的瞬間覺得很爽！」但是實際的情況卻是：「過了一會兒又覺得生氣，想要多報復幾次。」

無論如何責備對方、如何破口大罵，只要你是茫然地看待正在發生的事情，就無法澈底消除潛藏在心底的無數情緒。（如圖表 10 所示）

找出具體事實，正確思考

如果你和父母的關係不佳，那麼在社會生活中，可能也會出現嚴重的問題。

我之所以會這麼說，是因為若你在家庭中，長期以來有太多的事情遭到否定，很可能會在潛意識中拒絕他人所說的話，要不裝作沒聽到，要不就是刻意不讓自己意識到。

在這種環境中成長的人，雖然自己沒有發覺，卻早已是傷痕累累。而且自己究竟為何所傷，我們甚至連其理由也無從得知。無論如何想方設法尋

圖表 10 發洩不安情緒也不會痛快的原因

無論是責備還是破口大罵，
都覺得不痛快

↓

茫然看待已發生的事情，
自己也不知道理由為何

↓

因為無法徹底消除
潛藏在心底的情緒所致

**只要不消除內心深處的情緒，
你的心裡就不會覺得痛快**

找答案，茫然的思考也無法解決問題。儘管如此，我們還是會在不安的情緒中執著於思考，這是為什麼呢？其實就是因為「害怕行動」。

一開始是因為我們不想受傷，所以不去正視正在發生的事。但是，如果移開視線的話，卻看不到具體事實，也就無法消除自己的情緒。如果用負面態度預測未來，就會產生越來越多的不安和恐懼。然後又藉由茫然的思考試圖解決，絞盡腦汁也仍是徒勞無功。

當我們陷在這種惡性循環中，也許會變得情緒化而怒火中燒，或是遷怒完全不相干的人。使用這種方法，當然無法治癒受傷的心靈，最後我們甚至開始逃避。為了讓自己什麼都感覺不到，人們便閉上眼睛、**封閉心靈**，不斷重複著在家庭環境中所學到的錯誤互動模式。

3 內心被不安綁架，如何脫離？

在看不到具體事實的狀態下，即便再怎麼思考，也只會徒增不安情緒。實際上，多數人都不知道自己其實不敢採取行動。甚至有人儘管感覺到不安，卻完全不採取行動，反而等著其他人來幫忙解決自己的問題。

若從邏輯上思考，就會發現自己其實在寄望一件不可能的事情，但是，如果內心被茫然的不安綁架，你就無法冷靜下來思考。

為什麼我每天都被這種不安所驅使呢？難道就沒有消除這種不安的方法嗎？用這種茫然的思考方式，你不可能找到具體的解決方法，而只是沒完沒了地反覆思考該怎麼辦而已。

以我最被諮詢的問題「公司裡有我討厭的人」為例。簡單歸納，這類型的諮詢大多都是：「請告訴我，如何讓我討厭的人喜歡我，用我希望的方式、用我滿意的方式對待我」這類的主張。甚至還有人說：「我能不能不用採取行動，就讓別人自然喜歡我？」聽起來像是被詢問一道無解的難題。

如果從字面上理解這樣的訴求，就是自己什麼都不用做，就要想讓討厭的人按照自己所希望的方式行動。這很明顯是自己害怕行動的表現，但是也有不少人並沒有察覺到自己有這種恐懼。

察覺自己當下的情緒，找出原因

一旦你內心產生負面態度，就會自動做出負面消極的選擇和行為；相同的，如果內心充滿正面意識，你就會自動做出積極正面的選擇和行為。即使在同樣的情況下，只要積極正面，事情就會變簡單。你就能夠這樣想：

- 即使失敗了，重新來過就好。
- 就算被取笑，也要對自己竭盡全力去做的事情給予肯定。
- 嘲笑他人的人，他們的個性都有缺陷。

只要內心深處的意識是積極正面的，你就會自動選擇能夠幫助自己的話語。當然，也正因如此，潛意識自然會做出能夠獲得理想結果的選擇。而且這種潛意識的能力遠遠超過顯意識，所以成功的機率也會高出許多。

我們在每個當下的所做的選擇和行為，即使自己沒有察覺，都會受到正面意識和負面態度的多寡、強弱影響。因此，當你感受到負面情緒時，不要讓它一閃而逝，必須找出情緒的來源，然後以具體的方法加以解決。

從這個意義上來說，顯意識的我所做的事情其實很簡單。首先要在自己現在所經歷的每一個狀況中，察覺到自己的情緒。以不安為例：

- 現在一想到能否準時趕到下星期出差的地方，我就感到不安。
- 上司詢問：「這事下星期前能完成嗎？」在這當下我感到不安。
- 同事拒絕支援我，此時想到：「我一個人能做到嗎？」就感到不安。

就像這樣，讓我們學習如何掌握自己當下的情緒吧。

以自己的情緒為基準，你就知道如何行動

想要從茫然的世界之中逃脫出來，就必須把握每個當下，即掌握現在

的狀況，培養出面對眼前問題的應對能力。

此時，最重要的就是「現在」的狀況。某位女性路癡，每當前往初次造訪的地方時，她都會非常擔心，不知道是否能夠平安到達。

她經常搭上與目的地相反方向的電車，過了好一陣子都沒有發現。當地鐵站有好幾個出口時，如果走錯了她就會迷失方向。她也曾經在出差的時候，不小心走了平時的通勤路線，中途發現後才慌慌張張地掉頭。自己一個人的時候也就罷了，如果和別人有約，她便會感覺特別的不安。

有一次她想要消除這種不安的情緒，決定下次去初次造訪的地方時，要事前察看、確認地點。如此一來她便能夠適當調整時間，游刃有餘的前往。雖說有些距離遠的地點，當日往返很花時間，但即便如此，她並不覺得事前察看是浪費時間，反倒認為花費時間獲得安心感更加重要，而且自己也期待著這種形式的事前察看。

誠如前述，**以自己的情緒為基準，就會採取具體的行動，消除令自己感到不安的因素。**（如圖表11所示）這對你的人生來說，也是很大的收穫。能夠有收獲，是因為這樣的行為，會形成「為了獲得安心而採取行動」的人生基礎。這樣的話，日後的人生也會為了獲得安心而做出選擇，這種安心感也有助於自信提升。所以，不安絕對不是一件壞事，倒不如說，**不安是來自未來，提醒你要守護自己的訊息。**

如果感到不安就換個想法吧，例如：「啊！我現在對於未來抱持的負面態度，看法有失公允」如此一來，就能夠讓不安被自己利用。此外，藉此**察覺每一個具體的不安感受，也許就能夠逐一消除那些茫然的不安情緒。**

圖表 11　消除不安的方法說明

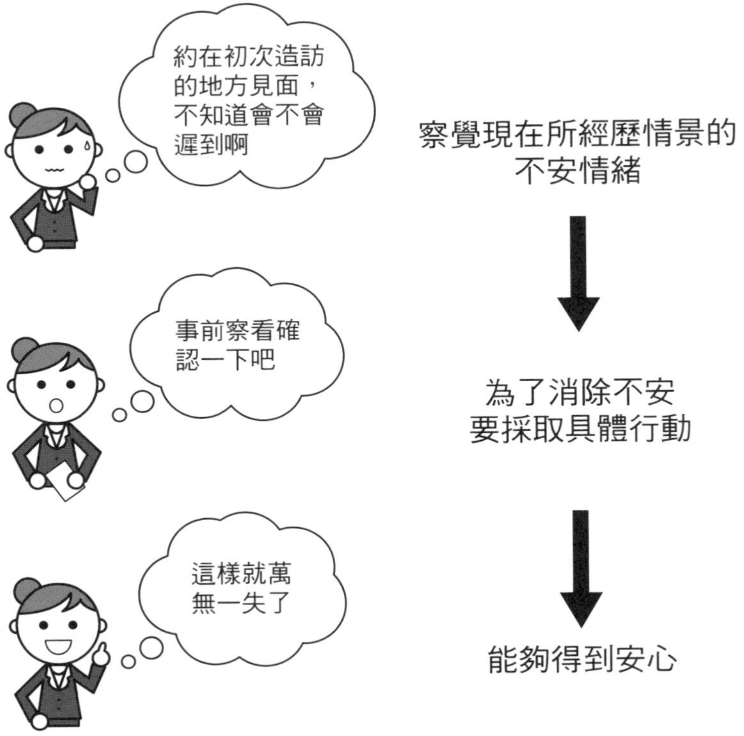

如果能夠採取行動來消除不安感，就能夠感到安心，減少茫然不安

心理師的小提醒

比較之心是來自潛意識的訊息，傳達出：

「你以負面的心態看待未來事物。」

——若要消除不安，快培養以公平心態思考未來的能力吧！

第6章

用心感受當下，焦慮其實是提醒

1 沒獲得好評價，會讓你焦慮嗎？

很多人都希望得到他人的好評。當你被問到：「你希望在什麼方面得到好評呢？」如果能立刻回答：「我喜歡○○，已經持續好多年了，如果能夠得到好評，就是我最開心的事。」那麼心情想必會很舒暢。

而且正因為如此，能夠朝著自己喜歡的事情邁進，便更有可能獲得你所期望的評價。但是，若你還不知道自己想做什麼，也沒有熱衷於某一件事，甚至在就連自己想做什麼都沒想過的狀態下，就期望得到他人的好評價，那麼自己的內心便會常常被焦慮所佔據。

當然，空有這種想要獲得好評的想法，卻不實際做出行動，怎樣都不會帶來任何變化。更有甚者，如果在這種想要獲得評價的想法之中，潛藏著「我沒有值得被肯定之處」這種否定自己的心情，反而還可能使自己變得更加焦慮。

此外，這種焦慮也會引發以下的負面想法：

- 現在我做的這些事情，只是讓時間白白流逝。
- 我必須盡快開始做一些事情，才能得到別人的好評價。

還有人會說：「啊！我到了這把年紀才開始努力，肯定來不及了。」之類的喪氣話。豈止是焦慮，如此一來想當然會被「彷彿自己的人生已經完蛋」的絕望感所襲擊。

過度比較，害你跨不出下一步

誠如前述，如果你以負面態度為基礎，消極地思考未來可能發生的事，就會被不安所驅使。如果你將每個當下出現的不安置之不理，心中便會懷著茫然，因而無法採取具體行動來消除不安的情緒。

在那樣的意識狀態下，無法認同自己的人由於過於渴望被他人認同，因而產生許多勉強自己的想法，例如：

- 我必須快點做出成果。
- 為了得到他人的認同，我必須盡快進步。

當你一想到這些，內心和大腦都被焦慮所影響，反而喪失行動力。又或者，我們也常拿自己和朋友或同學做比較。產生如：

- 那個傢伙居然可以做著自己喜歡的工作，過著自己想要的人生。
- 我都到了這個年紀，明明應該已經結婚，也有孩子了才對。
- 那個人都已經上電視大放異彩，我卻還困在這種地方停滯不前。
- 我至今仍一事無成。
- 眼看著朋友們都過著優於一般人的生活。可是我到了這個年紀，才想要開始新的人生，一切為時已晚。

反覆想著這些事，肯定令你焦慮得坐立難安。

追求完美，所以你越來越焦慮

現代社會，已經無可奈何變成以他人為中心了。因為不合理和不合邏輯的事情接連不斷地發生，使我們不得不把注意力朝向外界。

我發現身邊的許多人，都為以下想法煩惱著：

- 我必須配合大家。
- 我必須適應社會。

然而這種他人為中心的人，卻不知道要以外界的什麼為標準才好，因而感到困惑。而且，偏好以他人為中心的人，因為被他人的價值所束縛，所以不會注意到自己的感受，這將使他們更加迷惘。

社會上，充斥各類必須要做的事，和不可以做的事，完全沒有空間容納自身感受。因此相較於自己的心情，人們會改以：「該使用A或是B，還是別的方法呢？」想要用思考來處理事物，但卻可能因無法做出決定而感到更加迷惘。

另外，一旦遲遲無法做出決定，心想必須盡快解決，應該快點做出適當結論的想法，會使你的**焦慮感越來越強烈**。而且，當你在焦慮的時候，目標卻也還是放在最完美答案的找尋上，使你更得不出結論。

2 讓心引導你，而不是大腦

話說回來，**如果將迷惘的狀態，當成是潛意識發出的訊息，那就意味著優點和缺點目前勢均力敵。**

處於這種對抗狀態時，無論再怎樣用頭腦去思考，也不可能得到讓自己滿意的結論。人們最能夠接受的本來就是自身的心情和意志，希望無視於此試圖做出決定，當然不可能有好答案。

儘管如此，人們卻還是希望做出對自己來說最合適的結論，想要提出完美無缺的答案，這本身就是一件不可能的事。

當然，迷惘並不是一件壞事，只是**我們無法以思考來打破勢均力敵的**

對抗狀態。即使試圖透過思考得到結論，但最後的結果，大多還是不知道該選哪一個。

另一方面，如果陷入焦慮迷惘的狀態，還會加劇負面的情緒。所以當你越是迷惘，在實際採取行動時，出現壞結果的可能性也就越高。人們本來就處在各種制約之下，被單方面的要求很多事情，然而我們卻理所當然地接受這些要求，這令我感到必須改變才行。

別讓迷惘伴隨你的一生

現在你認為必須要做的事，大多都只是對方單方面的要求而已。起初你或許會對這種情況感到疑惑，但是不知道該怎麼辦才好，也找不到能夠讓自己感到滿意的方法。

另外，目前這種他人中心的社會，已經逐漸產生「有這種疑問的自己是錯誤的」的風氣。就算你認為自己是正確的，如果沒有適當的解決方法，也會生活在不安和焦慮等負面情緒之中，令自己非常痛苦。

想要讓自己避免出現這種情緒，只能麻痺自己的感受。但如果感受變得麻木，你就無法按照自己的內心做出選擇和行動。最後，透過思考所得到的結論，自己也無法信服。

因此在感到焦躁迷惘的同時，卻無法付諸實際行動去改變。這樣反覆下去，不久之後迷惘就會變成常態，最後甚至成為自己的人生目標。

雖然聽起來很奇怪，但這狀況就是認為如果每天不猶豫、不迷惘就不算是充實的一天，換句話說，迷惘本身成為了人生的意義。

潛意識反映你的內心，卻不見得正確

如今，大部分的人為了每天的生活，已經竭盡全力。因此，覺得思考這件事很累的人也越來越多。這就像是倘若平常不使用電腦，就會忘記如何使用。就算緊急需要用到，也會因為不習慣而覺得很辛苦。大腦運作也是相同的道理。

因為很累，所以你便不再關心自己生活以外的事。一旦我們用這種心態生活，對於與自身無關的事情就會漸漸失去興趣。如果對其他事情漠不關心的狀態變得習以為常，你就會陷入越來越無法自己做決定的惡性循環。

我認為，人們的冷漠，不僅對於自己的生活產生不良影響，進而也會引起社會狀態的惡化。況且現代社會還是一個講求速度的社會。如果只是一味追逐合理性、功能性和速度，就會將人的內心排除在外，變成一切都只看結果，如此一來，會形成一個怎樣的社會呢？

舉例來說，當我們要決定一件事的時候，如果只是一個人的話，很快就能做出決定。然而當參與決定的人數變多時，就沒那麼容易了。每個人都有自己的意見和主張，一旦想要商量之後再做決定，事情就不可能按照個人的想法進行。

因為每個人對事情的理解程度各不相同，所以必須花時間說明。就算不用全體一致通過，為了能夠圓滿進行，也得花上許多時間來回討論。覺得這段時間麻煩、浪費的人，難免急於得到結論。他們認為，與其花時間討論，還不如單方面強行做決定，這樣在很短的時間內就能把事情搞定。

但是，以職場為例，如果上司想要單方面強迫員工服從命令，牢騷和不滿情緒就會逐漸增多。

我們的潛意識，會根據自己的實際感受，將想法轉化為實際行動，即便內心期望提高薪水，但潛意識裡抱怨不滿的能量，卻遠比加薪強大許多。你只是在顯意識，用文字羅列出願望、欲望等，但這種**數位思考**（參考第7章第1節）方式並無法與潛意識的真正想法抗衡。

潛意識反應出你的內心。無論是負面消極的想法，還是積極正面的想法，都只是一心一意地為了實現自己的真實感受而努力。

如果某人想要報復另一個人，他就會創造出報復的機會，甚至會在不自覺的情況下做出報復的行為。如果員工之間展開這種報復遊戲，這家公司遲早會倒閉。

即使一開始只是員工個人心中很小的牢騷、不滿，若是進而影響到全體員工，那就等同是全體員工團結一致，大家一起祈禱公司快點倒閉。無論是正確或是錯誤的行為，我們的**潛意識都只會忠於自己內心的真實感受**。

3 專注於現在，而不是未來

有一位經營者曾經對我說，個人經營的小公司，沒辦法像大公司那樣有其他人分擔工作，所有的工作都必須一肩挑起，導致沒有時間去慢慢體會人生。在某種程度上，他說得或許沒錯。

即便如此，正因為身處在這樣步調快速社會，我們更需要有時間去放慢腳步，去用心感受生命。**絕大多數的人，都沒有意識到放慢腳步，用心體會的重要性。**

為什麼呢？因為打從我們出生以來，一直從未放慢腳步，用心體會過生命，所以你根本不會察覺到自己到底有沒有這樣做。更別提要比較實際感受生活，和沒有實際感受生活的差別，我們是完全做不到的。

所以你做夢也想不到，放慢腳步、用心體會可能會讓人生出現完全相反的差異。在生活中放慢腳步，實際感受正面積極的感覺，人生會一路一帆風順。相反的，被忙碌纏身，在內心懷著負面消極的感覺，卻對於自己生活在負面情緒的感覺**漠不關心**，抑或是沒有發覺的人，無論怎麼努力，人生都不會順利。

而且，我還認為放慢腳步，用心感受生活的人**不會與他人比較**，也根本不會留意自己的步調是快還是慢。事情之所以會順利，就是因為我們能接收到愉悅、滿足的充實感等積極正面的實際感受，甚至已經理所當然到不曾懷疑的地步。

感受生命中的微小好事，無須和人比較

這些會感到焦慮的人都有一個共同點，那就是沒有感受當下，總是專注於下一步。

某位三十多歲的女性，做事常常以失敗收場。她自己也搞不清楚為什麼會這樣，即使她自認小心謹慎，依舊沒有辦法改善粗心犯錯的毛病。如果是在職場，也許可以歸咎於緊張。但是，就算是她私人的事情，也常常發生粗心大意的失誤。

「妳是不是總是很焦慮呢？」即使別人提出這樣的疑問，她也會用否定的口吻說：「說什麼用心感受生活，這也太浪費時間了。況且，我也不認為那種微不足道的感受能為我帶來自信。」

我試著詢問她：「當妳放假在家，正在洗衣服的時候，會不會也思索

著要打掃房間呢？」或者「當妳累得什麼事都不想做的時候，是否也曾經在腦中想過必須做A，也得做B，但是手上的事又還沒做呢？」

休假日的時候，心中總是掛念著：「啊！明天要上班！某件工作還沒完成。」另一方面，在公司的時候卻又想著：「下次放假時要做些什麼呢？」我要她試著確認看看，是不是就像衣服扣錯鈕釦般，當下實際在做的事情，和腦中所想的事情並不是同一件事。她點點頭說：「的確如此。」

焦慮的人總是活在焦慮之中，可能甚至連自己正處於焦慮的狀態都沒能察覺到，因為他們的意識總是被下一步所束縛。舉例來說，當斑馬線的號誌還是紅燈的時候，自己就像在等著短跑開始的槍聲一樣，不耐煩地等待著燈號變成綠燈。

當燈號變成綠燈，在你通過斑馬線的同時，眼睛卻又直視著人行道的對面。進了車站，你立刻開始盯著剪票口前的手扶梯。而手扶梯往上爬升的時候，你卻又開始想著到站的電車。就像這樣，即便只是從家裡到車站之間的距離，你的精神都專注在下一步，所以會感到焦慮也是理所當然的。正是這種焦慮感，導致你做什麼都容易失誤。

然而，活在當下的人不會焦慮。過斑馬線的時候，如果是紅燈的話，你就好好地停下腳步。在停下來的時候，只要讓意識重新回到自己身上，你就能確實感受到自己緩慢而安靜的呼吸。也因為只是這樣站著，所以你的身體可以很放鬆。

練習看看，在過馬路時讓停在左右的汽車進入你的視野範圍。當你搭乘手扶梯的時候，不妨在站著的同時也留意腳邊，預留多餘的精神慢慢環顧四周環境。急急忙忙地衝進電車裡的情況，將不再會發生，或者不如說，因為從一開始，就按照不需要奔跑追趕電車的步調來安排時間，所以很少會遇到需要奔跑的情況。請你試著像這樣，去感受生命中的微小事項。

每個真實感受，都會為人生增添色彩

無論是消極負面的感受，還是積極正面的感受，你的每一個真實感受都能點綴人生，為人生增添色彩。如果拿樹作比喻，它的主幹和枝葉都是由自己的意識所構成。根據意識的強弱和性質的不同，意識既有像樹根和樹幹一樣具有巨大影響力的部分，也會有像枝葉一樣具有局部影響力的部分。（如圖表12所示）

舉例來說，先前曾提到沒有時間放慢腳步，如果這種意識成為影響樹木整體的樹根，生活中就會不斷出現焦慮的心情。如果焦慮成為現實，你的工作，甚至是事業都可能頻頻發生舉債經營[1]的狀況。

1 譯註：舉債經營係指左手借，右手還才能勉強營運下去的狀態。

圖表12 感受如何影響人生的說明

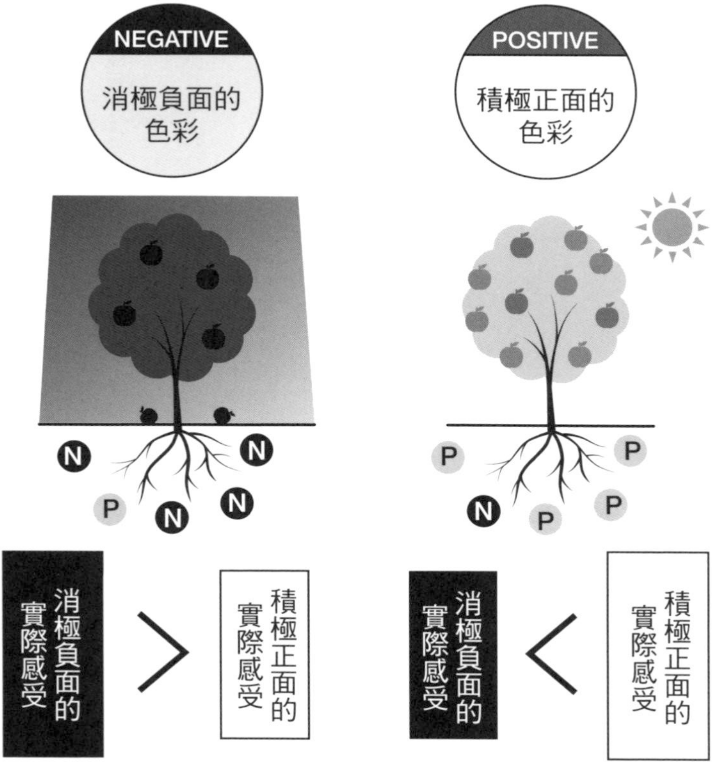

如果能細細品味積極正面的實際感受，就能夠讓人生好轉。

也就是說，如果失敗變成人生的樹幹和樹根，你就會無意識地做出失敗的選擇，並朝著這個方向前進。

如果覺得自己沒有能力的想法根深蒂固，就會無意識地做出無法發揮能力的選擇，結果你就更會認為自己沒有能力。如果你總是遲到，反覆發生遲到的情況就會變成常態，但其實一切都是你在**自導自演**。

每個人都希望自己的人生變得更美好。如果發生問題，我們就會為了尋找解決方法而煩惱。但是，倘若人生遲遲沒有改善，其主要原因可能就是出在真實感受上面。真實感受也就是意識，我們的人生可說是以意識為基礎所建立的。

因此，**比起焦慮、不安等消極負面的感受，只要增加積極正面的感受，就能扭轉嚴峻的狀況，讓人生朝著好的方向發展。**

4 焦慮是潛意識給你的訊息

只要我們放慢腳步去感受眼前正在發生的事，以及自己正在做的事，就會產生愉悅感、充實感和滿足感等積極正面的情緒。如果我們能夠以積極正面的感受做為基礎，潛意識也就會自然地做出積極正面的選擇，然後採取積極正面的行動。

比方說，當各種事情發生在我們身上時，光是想到不只是A，就連B、C、D、E都可能會出現問題，必須一件一件解決，不免讓人感到龐大的壓力。

放慢腳步，是達成目標的最短路徑

但是，實際的感受並非如此。從情緒的角度來看待每個當下的情景，如果在A情景中覺得焦慮，那麼在B、C、D、E的情景中也會感到焦慮。如果這個焦慮的感受引發諸多問題，只要**放慢腳步**，你就能解決這種根深蒂固的感受。

如果你能在A情景中放慢腳步去感受，那麼在B、C、D、E情景中的實際感受也會自動地改變。我們要知道，心急吃不了熱豆腐，操之過急就會慘遭失敗，而焦慮，就是一切的起源。

因此，**當你察覺到焦慮的情緒時，那就反過來將它當成是來自潛意識的訊息，正在告訴自己要達成目標，還需要更多的時間**。如果你對現在要做的事情感到焦慮，那就代表，你的潛意識在在透過焦慮感受，訴說著你所渴望的事，現在沒辦法馬上達成。

如果你真的希望成功，就必須戒掉盯著下一步的習慣。你不妨練習慢慢地、細心地實際感受自己眼前正在努力的事情。尤其對於那些焦慮的人來說，肯定會覺得慢吞吞地花費時間的做法是在繞遠路。但是其實**放慢腳步、細細品味積極正面的情緒，才是能使你踏踏實實達成目標的最短途徑。**

專注當下感受，你就不會想太多

當你在思考的時候，就會停止去感受。同樣的，無論是情緒還是五感，當我們專注於感受時，也會停止思考。**腦中東想西想卻想要做到不焦慮，是極其困難的事，不過只要你專注於當下感受，就能夠輕易地停止胡思亂想。**

若要追究其原因，盯著下一步的習慣也是因思考產生的焦慮所引起。因此只要專注於當下感受，焦慮感就會降低，盯著下一步的習慣也會隨之消失。而且，一旦專注於當下感受的時間增加，用來思考的時間也就會相對減少，你便可以排除那些對自身有害的想法。

此外，只要增加積極正面的實際感受，我們便會自動自發地開始積極正向的思考，所以像是「為了追上大家，我必須加快腳步」這類會產生焦慮感的想法也會逐漸消失。

最後，當你能夠以積極正向的心態思考，自然就能夠做出積極正向的選擇，其結果就是能夠創造出讓人生變得更美好的良性循環。

心理師的小提醒

焦慮是來自潛意識的訊息，傳達出：

「想要達成目標，你還需要更多時間。」

——與其著眼未來，不如放慢腳步感受眼前，活在當下吧！

第7章

跟所有情緒做朋友，停止對自己施暴

1 數位思考和類比思考的不同

現在的社會，一旦人們過度被他人、周遭環境或外界所束縛，就會在不知不覺中完全沉浸在他人中心的狀態。一旦陷入他人中心，自己在做判斷時，就會不知道要以什麼為標準才好。

當我們在決定各種不同的事情時，難免會猶豫做這個比較好？還是不做比較好？

簡單來說，我們之所以會覺得猶豫，是因為被想法所束縛，在計較得失的心態作祟之下，不知道哪種選擇對自己來說才會更有利。

這種試圖以利害得失來判斷事物的思維，我將它稱為「數位思考」，

是典型的他人中心思維模式。我並不是說不能以利害得失做為衡量標準。無論是誰，每個人都想要變得幸福，懷有這種欲望，當然也是一件好事。

但是，在**實際行動的時候，最好要事先理解，過度使用數位思考判斷事物，經常會適得其反，反而讓自己吃虧。**為什麼呢？這是因為當我們被利害得失束縛的時候，便會忽略自己的心。

在數位思考中，我們只能看到事物的表面，如同冰山一角一樣，我們只能看到漂浮在海面上的冰塊而已。然而，海面下隱藏著體積大上幾十倍、甚至幾百倍的冰塊。

若想要掌握這種冰山的全貌，我們就必須具備類比思考。而為了要能夠類比思考，就必須要相信自己的慾望，情緒以及五感之類的實際感受，接下來我將仔細說明。（如圖表13所示）

圖表13 數位思考和類比思考的不同

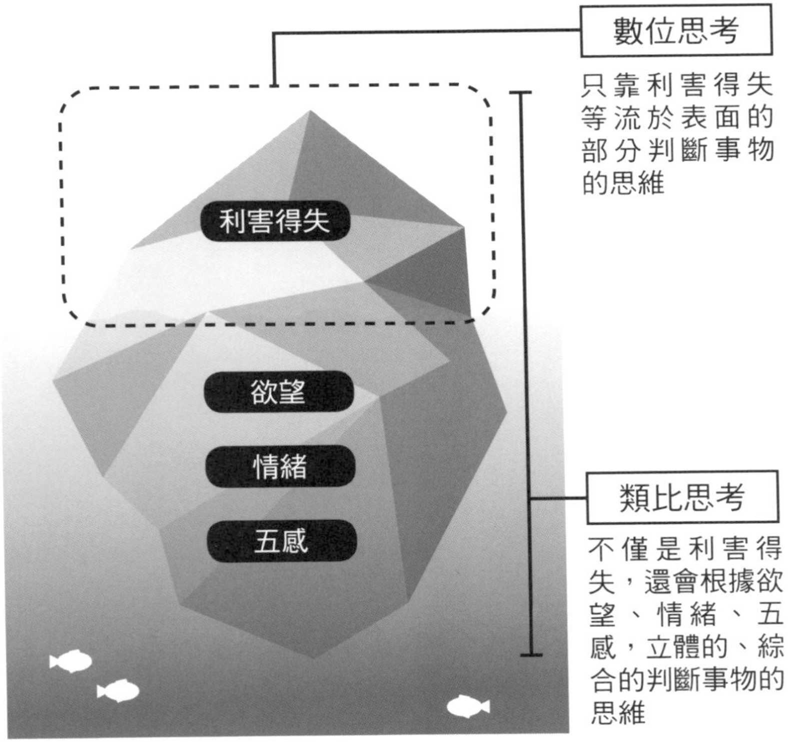
數位思考
只靠利害得失等流於表面的部分判斷事物的思維
利害得失
欲望
情緒
五感
類比思考
不僅是利害得失，還會根據欲望、情緒、五感，立體的、綜合的判斷事物的思維

為了能夠做到類比思考，就要相信欲望、情緒、五感之類的實際感受

數位思考重利益，類比思考重感受

數位思考是平面的，而類比思考是立體的。那麼要如何才能做到立體的思考呢？答案就是實際去感受。

感受方式是不受限、無邊無際的，你能夠無限地提高自己的敏感度。你所感受到的所有感覺，包括自己的欲望、情緒、五感和身體的感覺，都可以被視為來自潛意識的訊息。

相信這種實際感受，在此基礎上進行整體判斷，這種方式就是「類比思考」。而且這種潛意識的實際感受，不管自己是否有察覺到，都能發揮出強大的力量。那也是顯意識的欲望完全無法相比的力量。

無論從利害得失的觀點來看是多麼的有利，只要你在潛意識中抱持著不想做、感到不安、感到痛苦、這樣做會有罪惡感……的情緒，潛意識便會試圖迅速消除這種負面情緒。

這樣的狀況，看在只會數位思考的人眼裡，也許會認為是自己的願望沒有實現。但對潛意識的自己來說，卻會**從不安、痛苦和罪惡感之中解放出來**，所以其實算是實現了自己的願望。這兩種思考方式，有著極大的不同。

2 房間該不該整理，背後隱藏大問題

當有一件你認為似乎很簡單的事，卻遲遲做不到的時候，背後其實**隱藏著很嚴重的問題**。舉例而言：不會整理、無法收拾房間、衣服、零碎雜物……，這種煩惱都只是冰山一角，在它們的下面，通常都還隱藏著更大的問題。

電視上經常看到的垃圾屋報導，在在顯示不會整理的人越來越多。這些人，都就是沒能珍惜自己內心的人，或者這就是內心沒有得到珍惜之下導致的結果。

經常有人來找我商量孩子的管教問題，他們會問：「我家的孩子老是

把玩具弄得亂七八糟也不想整理。我該怎麼辦才好呢？」從公司下班回到家的丈夫看到家裡滿地的玩具時，有些妻子就會被丈夫責備說：「教育孩子收拾玩具是母親的職責。」

丈夫的想法是，自己忙於工作賺錢，所以跟家裡和孩子有關的事情都是妻子的責任。但是，可能丈夫本身就是個不會整理的人，又或者為了讓小孩收拾玩具，費盡唇舌訓斥小孩的妻子，其實也可能是不會整理的人。

假使他們是會整理的父母，那麼孩子從一開始就應該能成為整理自己物品的人。

比方說，某樣玩具既是孩子非常想要，也是他自己挑選的，小孩就會對那個玩具產生依戀情感。既然是自己想要的玩具，是用自己的零用錢，或是幫忙做家事存下來的錢才買到的玩具，那一定會好好珍惜才是。

因為是對自己很重要的東西，要是不想弄丟也不想借給別人，即使父母不開口，孩子也會主動收拾玩具。就像有些古玩或愛好的收藏家，他們會珍惜自己的收藏品也正是因為非常喜歡。

你的孩子為什麼不願意整理房間？

如同前面所提到的，孩子之所以成為不會整理的人，就是因為自己想做、不想做的基本欲望未獲得滿足所致。同時他們也是被父母單方面強迫做自己不想做的事，心情並未受到父母尊重的人。

這些孩子，就像是被不得不整理，但就是辦不到的這種義務和責任所束縛，而非發自內心想要整理。

實際上，在抱怨孩子不整理的父母當中，究竟有多少人會自己動手整理呢？無論是斥責孩子：「給我整理乾淨！」的父親，還是抱怨：「我家小孩的東西總是弄得亂七八糟。」的母親，這兩人真的都是喜歡整理的人嗎？

因此我認為，**無視孩子的心情，從必須整理的想法出發，把不會整理當成問題看待，這反而才是個問題。**由整理問題，我們可以看出其深處其實存在著另一個更大的問題，也就是父母究竟有沒有反求諸己，進而培養孩子正確觀念呢？

3 除了自己，我誰都不依賴

近來，政府人員情緒失控，對下屬惡言相向的新聞報導不時會出現。如果光看經歷背景，會讓人覺得他們都是品行端正，頭腦聰明又聲望很高的人。然而，許多人的真實樣貌，卻是非常情緒化、粗暴無禮、厚顏無恥又無知的。

這些人正是在家庭環境中，自己的**情緒未受到重視**、對父母的話唯命是從、麻痺自己的內心過生活、以他人中心思考的人。

因此乍看之下似乎很有邏輯，但是實際上他們的思考範圍並沒有超出數位思考，而令人驚訝的是，他們其實並不具備類比思考的能力。因為習慣數位思考，所以便無法公平地預測未來，也常被眼前的事情所束縛，不顧一切地魯莽行事。

他們可能做夢也想不到，自己對他人所做的，這些不恰當的言行和態度，其實正是童年時期從家庭環境中學習而來的。同樣的，他們可能也沒有察覺到，使用暴力傷害對方的真正原因，正是源自於自己對於父母親的憤怒和憎恨。

另一方面，**倘若自己對別人做了很過分的事，那便是因為過去在自己的家庭中，也曾經遭受過相同的對待。**

過去的創傷還沒癒合，在其作用之下，他們在面對陌生人時，總是毫不在意地嚴苛對待，然而，在面對父母時，即使已經年紀一大把，也都還是默默遵從，什麼話也說不出來。試著想想看，到了五、六十歲的時候，仍然受到自己的父母擺布支配，會是怎樣的感覺？

潛意識會無條件地服從感受

潛意識會優先考慮自己的情緒和實際感受。無論你打算多麼冷靜、客觀地做出判斷，言行都是源自於自己的意識深處。

比方說，如果在自己的意識深處存在怨恨和仇恨，思考就會從這個觀點出發。而那時候潛意識的目的，當然就是達成那股怨恨和仇恨。

無論自己在顯意識中提出多麼遠大的理想，打算朝著哪個目標邁進，只要你的心底存在怨恨和仇恨，出於報復心理，就會試圖實現那些會帶給眾人恐懼的狀況。

就以對方出於好意為自己做一些事情為例。若是在自己的意識深處懷有強烈的怨恨和仇恨，你便只會從這個角度去看待事物。因此，你可能不會覺得對方是出於善意，反而會懷疑他是不是在密謀什麼要陷害自己。你不會信任對方，也許還會對他說：「你有什麼企圖？」之類的話。

比如當你碰巧看到妻子在為自己的生日準備驚喜的模樣，也許對於妻子偷偷摸摸的舉動，還會懷疑她是不是外遇。

同樣的，即使自己是為了對方而努力，也會出現同樣的情況。一旦對方沒有出現自己所期待的反應，便會就覺得很受傷，或許還會為此而生氣，產生：「我明明這麼努力幫你，你那是什麼態度嘛！」的想法。為對方付出得越多，要是對方沒有付出更多心理層面的回報，自己的善意也就越容易轉變成怨恨和仇恨。

如此一來，生活中到處都會充斥著對於他人的不信任感和負面情緒，然後就按照自己所相信的那樣，引導自己走向充滿怨恨和仇恨的道路。這並不是在某些人身上才會發生的特殊事件，當前整個社會，大家的內心當中都帶著負面情緒，只要有機會就想把激烈的情緒發洩在別人身上，有種必須以某人為目標，群起圍攻的心態。

越是身處於這種社會環境中，除了自己的心靈，誰都無法依賴。**如果不自我中心，不以自己的內心為基準，也許我們將會製造出一個越來越無法守護自己的時代。**

4 沒有情緒和五感，活著便失去意義

在自我中心心理學當中，不僅重視情緒和情感，還很重視五感、身體和包括感覺在內的感受。也許有人會說：「因為不想受傷，所以最好不要去感受什麼情緒。」儘管如此，我們也還是希望變得幸福，因此說這些話的人並沒有意識到，自己所說的其實是相互矛盾的事情。

世上沒有了情緒，會如何？

我們不妨實際想像一下**沒有情緒的世界**。

首先，**沒有情緒意味著，你不僅感受不到負面情緒，也同樣感受不到正面情緒**。倘若感受不到負面情緒，確實是就算遭受他人毫無道理的對待也不會覺得受傷；即使失去重要的人，也不會覺得痛苦。

而在討論痛不痛苦之前，因為欠缺「覺得對方很重要」的情感，當然也就根本不存在覺得很重要的人。但因為沒有情緒，即使如此孤獨地活著，也不會感到寂寞。

無法模擬這種現實情況的人，認為這樣似乎不會因為負面情緒感到沮喪，也許有人還會覺得：「如果沒有負面情緒，應該會很輕鬆吧！」

但是，這同時也意味著，那是一個你也感受不到正面情緒的世界。即使對方溫柔的對待你，你也不會覺得開心，不會湧現感謝的心情。

即使別人愛你，你也感受不到；即使有人對你說「我愛你」，你也不會感到幸福和喜悅；即使和他人談心，你也體會不到溫暖和滿足感；即使和別人在一起，對於感受不到正面情緒的自己來說，也沒有任何意義。

內心成為一片荒蕪，枯燥無味也沒有色彩的世界。**當你不問自己「為了什麼而活」，也就失去活著的理由和意義。**

世上沒有了五感，又會如何？

接下來讓我們想像一下沒有五感的世界。

對我們來說，五感不僅是個別感受到積極正面的感覺，所有的感覺也成為生存下去的資訊。沒有五感，意味著感覺不到味覺、嗅覺、視覺、觸覺和聽覺。你將生活在一個將這些感覺全部阻斷的世界。

你將不能察覺腐臭、骯髒、滾燙、冰冷、疼痛等感覺，也不會感到炎熱和寒冷；就算身體不舒服，你也不會注意到；無論是凍傷還是燙傷，你都不會發覺。

你不會知道食物已經腐敗、吃不出水果的美味，也不會沉浸在藝術性的音樂之中；即使看著精緻的美術作品，你也不會心動。無論置身於森林中，還是站在山頂，你都不會出現那種想要大叫：「太棒了！」的感動。

一旦像這樣逐項列舉出來，要你說出：「沒有感覺真好！」之類的話，應該會有所顧忌吧。很多人之所以會覺得情緒很麻煩，是因為他們還沒有培養出敏感度，能夠在各種微小的狀況中感受到積極正面。但是，**正是透過情緒、五感和身體所體會到的正面感受，生活的喜悅、滿足感和幸福感才能圍繞在我們身邊。**

如圖表14所示，喜、怒、哀、樂的情緒，以及聽覺、味覺、視覺、嗅覺、觸覺這五感，都是在守護著自己的生命。

情緒是你的守護神

不僅是前面所提到的問題，感受對我們而言還有更重要的意義。因為這項**透過情緒、五感和身體來接收感覺的感測器，也是保護自己的工具。這個感測器非常可靠，而且力量強大，甚至可以說是你的守護神。**

無視自己的心情，或者擱置、延後處理，甚至不相信它們存在的人，不會知道自己該依靠什麼。因此他們對於自己的判斷缺乏自信，往往依賴他人判斷或聽從他人意見。在這種依賴性的選擇之下，特別容易出現判斷失誤，因為比起對方的內心，你總是盲目接受對方的話。

舉例來說，假設對方這樣告訴你：「到○○日期為止，我一定會遵守約定。」在約定日期之前的這段時間裡，即使突然覺得有疑慮，你也會相信對方的承諾，耐心等待著。

到了約定的日期後，即使對方未能信守承諾，只要他找各種藉口搪塞，你還是會想要相信他。即使在那之後，對方突然失去聯繫、不知去向，你還是會願意相信對方。

只要問問自己的內心，就能夠判斷自己已經受騙上當了，只不過即使面對這種情況，你卻依然告訴自己：「那個人說他一定會遵守約定。」事實上你已經被對方話語的表面給困住了。

你心知肚明，只是不想承認。一旦承認自己受騙，就會產生被拋棄的恐懼或絕望感。因為不想面對這種恐懼，於是就把一線希望寄託在對方的承諾上。而依賴到最後的結果，就是當意識到那些話全都是謊言的時候，你已經被逼到無法回頭的地步。

圖表 14 情緒、五感是自己的守護神

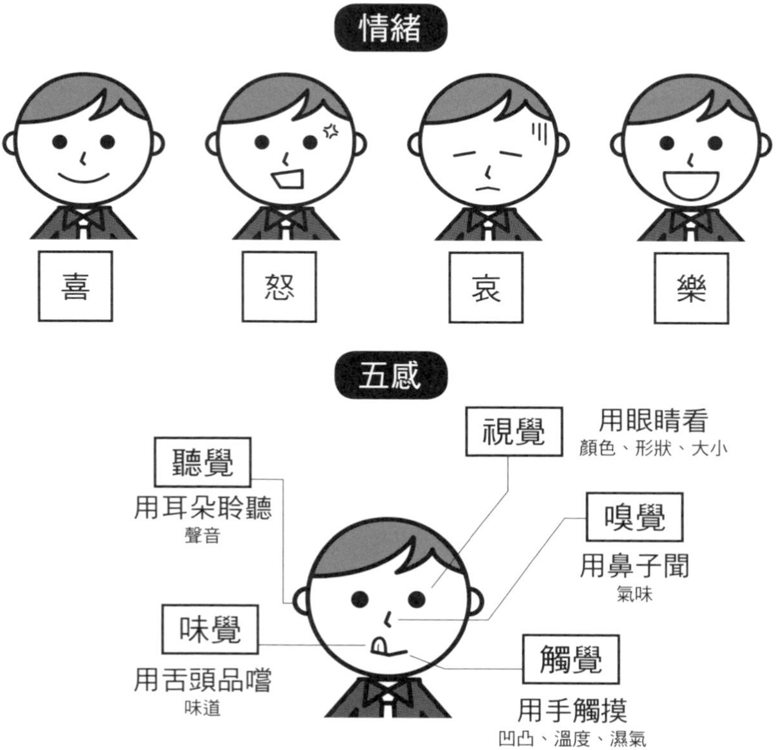

透過情緒、五感，去體會積極正面的感覺，
就能夠獲得滿足感和幸福感

相信你的感覺，才能自我保護

能夠緊緊貼近自己內心的人都有所依靠，那就是你自己。在這種困頓、迷惘時候，比起別人所說的話，你要更相信自己的感受。

一開始或許你會覺得很困難，但是，只要將焦點放在自己對於對方所說的話是什麼感覺，你就能夠感受到對方的內心。對方所說的話會如何影響自己的內心呢？即使還不知道那些話在自己的內心會產生正面的影響，或是負面的影響，但你要相信自己一定能夠感受到的。

對方是懷著怎樣的心情說出這些話？在這些話語背後，是否存有誠意和誠實呢？如果自己心中浮現不信任、欺騙、虛偽等疑慮，有可能就是因為自己感受到了對方的意識。

雖然，不敢說自己的這種感測器是百分之百正確，但是**至少這樣的感**

測器，要比對方表面的話語準確得多。我們不僅能感受到自己的想法和情緒，也同樣能感受到對方心中的想法。只是能力強弱因人而異，或是有些人尚未啟動這種感測器而已。

感受對方內心的感測能力，磨練得越多準確度就會越高。如果從平時開始就開始鍛鍊，你就能夠在各種問題還沒發生前，發現問題並加以應對。

相信自己的感覺，做出判斷並採取行動。就是這麼的簡單。而就結果而言，要相信自己的感覺，才能自我保護。

5 確實活在當下，你什麼都辦得到

在這些微不足道的日常生活中，也存在著對自己的愛。比方說，假設你想要以某個主題撰寫一本書。如果在感受到想做這件事的欲望的同時，一邊想像著已經完成的書，你的心中就會**充滿幸福感**。

想要完成一本書，大約需要撰寫二百頁的原稿。當思緒回到現實，心中想著：「我能寫完二百頁嗎？」就會變得不安。若是不只要求期限，還附加上「一定要完成」這種嚴苛的條件，更會讓人倍感壓力。

在這個階段，內心當中肯定會摻雜著像是興奮、雀躍、焦慮、不安等各種不同的心情和情緒。如果先決定要花幾個月寫完原稿，接著再更具體地決定一個月需要寫好三章，此時的你，想必會懷著鄭重的心情，並感覺到幹勁十足。

安排進度，不慌不忙地前進

看到進度表，確定接下來計畫之後，你也會比較放心。大致看一下整體情況，決定一週內要撰寫的大概頁數，如此一來便能預測寫作進度，你便會更加安心。等到真正開始寫作時，如果覺得很累，千萬不要置之不理，每當感覺疲累的時候，要好好地休息個二、三十分鐘。

實際上照這樣持續寫下去，若是能夠達到一週內的預定頁數，你也會覺得鬆一口氣。倘若你寫得很順手的話，完成的頁數超出預定進度，更會覺得非常**心滿意足**。

要是某一天的寫作進度不順，就算沒有達到預定的頁數也不要勉強，不妨告訴自己：「好吧，今天就算了吧！」而你也會為做出這個決定的自己感到驕傲。

在寫作的過程當中，一旦發生意料之外的事或突發狀況，要立刻發覺到自己的專注力正在降低。在遇到被問題困住，寫作不順利的日子，難免也會覺得焦慮，但是，因為知道就算著急也無助於寫作進度，因此便能夠暫時中斷一下。

即使暫時放下寫作，隨著問題的解決，心情也有所調整，你會突然發現自己的心思又回到書稿上。就像這樣，每天按照自己的心情安排步調，你就能夠持續寫下去。

動員所有情緒，讓自己用力活在當下

動員所有的感覺、五感、情緒，去感受自己現在正在體驗的事情，這就是活在當下。只要活在當下，每時每刻按照自己的內心做出選擇，就會充滿充實感和滿足感。

當我們感受到這種滿足感、幸福感等積極正面的情緒時，內心和實際行動便會是一致的。於此同時，也可以說是處於一種愛自己的狀態。

當你正在做著喜歡的事情，感覺到愉快、有趣、興奮、雀躍等積極正面的情緒時，那就是愛自己的瞬間。當你和別人一起沉浸在快樂的滿足感和幸福感的時候，那些時間也是一種愛自己的時間。

即使有人給你百分之百的愛，如果自己對於愛的靈敏度只有百分之十，那麼對你來說，你就只接收到百分之十的愛。然而，當別人給了自己百分之百的愛，如果自己對於愛的靈敏度是百分之二百的話，你就會感受到對方雙倍的愛。

想要專注於感受，並細細品味它，是需要時間的。為了跟上現代生活的快節奏，我們經常會陷入焦慮，往往一味地追求結果。對於這樣的現代人來說，無論是辨認情緒，還是去感覺、品味和感受當下生活，似乎是非常耗費時又麻煩的工作。

但是，如果懶得做這些麻煩的工作，自己所感受到的情緒就會被消極負面的實際感受所佔據。**實際感受，是判斷你是否愛自己的參考標準。**如果在那個當下，內心充斥著負面情緒，那就表示你不愛自己；而如果在那個當下，內心充滿了正面情緒，那就表示你正在愛自己。

從這個意義上來說，**自己感受到的情緒，無論是積極正面的，還是消極負面的，可以說都是來自潛意識的訊息，傳達出：「你一定要愛自己！」**

透過自身實際感受的累積，將決定你的人生會是積極正面，還是消極負面。如果能夠將自己的意識深處，重新塗上積極正面的色彩，僅僅如此人生就會自然而然地變得更好。

如果以成功為目標，你就能夠得到自己想要的成功；如果以幸福為目標，你就能夠得到自己想要的幸福。只要我們用心感受每天的微小好事，幸福和成功就會迎朝自己飛奔過來。

真理，其實出乎意料的簡單。

心理師的小提醒

所有的情緒都是來自潛意識的訊息，傳達出：

「你一定要愛自己！」

——只要用心感受每天的微小好事，就能夠變得幸福。

國家圖書館出版品預行編目（CIP）資料

在乎別人，是對自己的情緒暴力：「自我中心」心理學，教你不再因迎合而痛苦、孤獨／石原加受子著；駱香雅譯. -- 初版. -- 臺北市：方言文化，2021.04
208面；14.8 × 21公分
譯自：感情はコントロールしなくていい「ネガティブな気持ち」を味方にする方法
ISBN 978-986-5480-00-4（平裝）

1.情緒管理　2.生活指導

176.52　　110002664

在乎別人，是對自己的情緒暴力

「自我中心」心理學，教你不再因迎合而痛苦、孤獨

感情はコントロールしなくていい「ネガティブな気持ち」を味方にする方法

作　　者　石原加受子
譯　　者　駱香雅

總 編 輯　鄭明禮
責任編輯　范庭鈞
業 務 部　康朝順、葉兆軒、林子文、林姿穎
企 畫 部　林秀卿、王文伶
管 理 部　蘇心怡、陳姿仔、莊惠淳

封面設計　楊廣榕
內頁設計　王信中

出版發行　方言文化出版事業有限公司
劃撥帳號　50041064
電話／傳真　（02）2370-2798／（02）2370-2766

定　　價　新台幣300元，港幣定價100元
初版一刷　2021年04月07日

I S B N　978-986-5480-00-4

方言文化